20.07.2001
W0373123

Aktien Basics

Alles, was man braucht, um auf dem richtigen Kurs zu sein

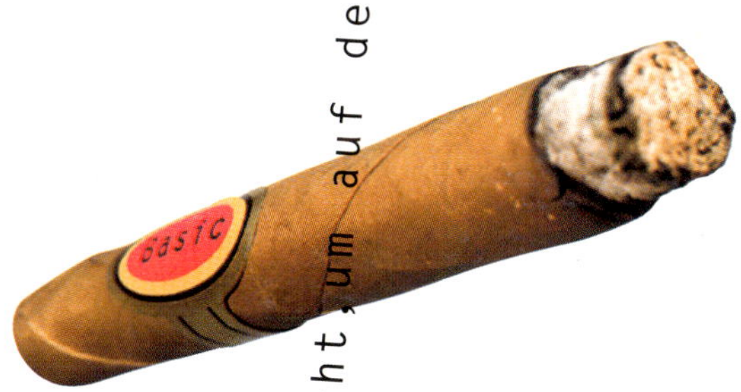

Johanna v. Rumohr

Aktien Basics

Inhalt

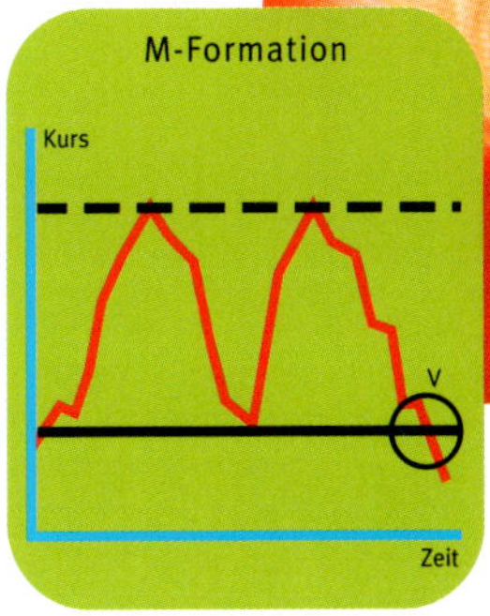

Aktien ganz einfach

Bei Aktien durchblicken macht Spaß!

Alle Welt macht in Aktien. Auch meine Freundin. Oder mein Bruder. Wenn wir abends weggehen, wird über nichts anderes mehr geredet. Oder wenn ich abends den Fernseher einschalte oder morgens das Radio. Die eine Hälfte verstehe ich nicht, und die andere auch nicht – all diese Sachen mit x, Smax und Dax und Nikkei-Index und was weiß ich. Aber meine Freundin, die versteht jedes Wort. Mein Bruder auch. Die wissen mehr als ich. Aber nicht mehr lange! Denn jetzt habe ich was gefunden, womit ich gut einsteigen kann.

Um da mitzumachen, braucht man nämlich erst mal solide Informationen, finde ich. Ich mach nur was, wenn es Hand und Fuß hat. Und dafür muss ich die Welt der Börse erst mal richtig verstehen. Und dafür muss ich das alles mit Spaß lesen können. Und dafür gibt's „Aktien Basics".
Da wird das Wichtigste erklärt und Unwichtiges gnadenlos ignoriert. Ein Buch zum von vorne bis hinten Durchlesen, zum Nachschlagen, zum schnell Schlau-Werden, zum Schmökern und zum Schmunzeln.

Vor allem, um schlau zu werden! Denn flotte Aktien-Tipps gibt's hier keine, auch keine „mal-eben-in-5-Minuten-zur ersten-Million"-Anleitung. Im Gegenteil – wer Aktien Basics liest, erwirbt sich selber Kompetenz. Der findet selber raus, welche Aktie er kaufen sollte und welche Aktienstrategie zu ihm und zu seinem Leben passt.

Eben ein Buch für jeden, der Lust hat, ein gewiefter Aktienprofi zu werden. Mit Tempo, mit Köpfchen und mit Spaß!

Ich – der

„Aktien – klar, das mach ich auch. Ich hab gehört, dass man als Aktionär innerhalb von Sekunden reich werden kann. Zum Frühstück Kaviar an Trüffelsoße, mittags mit Bill Gates zusammen 'ne Südseeinsel kaufen. Per Handy nochmal kurz zwei, drei Millionen in Schweinehälften investieren und noch reicher werden. Ich mach dann nur noch, was mir Spaß macht ... vielleicht mit dem Scheich von Dubai Murmeln spielen. Oder mir jeden Tag einen anderen Teppich verlegen lassen. Nee – ich weiß! Ich schlaf den ganzen Tag und träum ... von meinem Geld."

– Jetzt mach aber mal halblang. Es stimmt, es gibt Leute, die sind durch Aktien richtig reich geworden. Aber man braucht nicht zu glauben, dass die sich dann um nichts mehr kümmern müssen. So ein Vermögen macht Arbeit. Und Aktien kann man nicht gut alleine lassen.

Aktionär

„Aktien – das soll ja alles so kompliziert sein. Ich hab vielleicht gar keine Lust, dauernd Börsenkurse zu lesen. Und ich hab gehört, dass man mit Aktien ziemlich auf den Bauch fallen kann. Von einem Tag auf den anderen arm werden kann. Was mach ich, wenn alles weg ist, was ich mal hatte – und auch das Haus meiner Eltern und das Geld, das mir meine Freunde geliehen haben? Wandere ich dann aus? Ich könnte ja auch einen Kredit aufnehmen, alles auf eine Karte setzen und versuchen, das ganze Geld zurückzugewinnen."

– Jetzt mach aber mal halblang. Schließlich gibt's da auch noch einen Mittelweg – ach was, Hunderte von Mittelwegen. Für jeden Aktionär den richtigen. So, dass man weder total arm wird noch zehnfacher Milliardär. Sondern einfach schlau mit dem Geld umgeht.

know

Alle reden über Aktien. Und keiner sagt, was wirklich Sache ist.

how

In der U-Bahn, in der Kneipe, im Zeitungsladen ... und sogar in der Kassenschlange beim Gemüsehändler.
Überall reden alle über Aktien. Jeder weiß was, keiner sagt was.
Jedenfalls nichts, was man so wirklich versteht.
Woher wissen die denn, was für 'ne Aktie man kaufen soll? Und wo und wie?
Gibt's denn plötzlich nur noch Superschlauberger?
Gestern noch Briefmarken gesammelt und heute dick im Aktiengeschäft?
Wie geht das alles denn?

Was ist eigentlich eine Aktie?

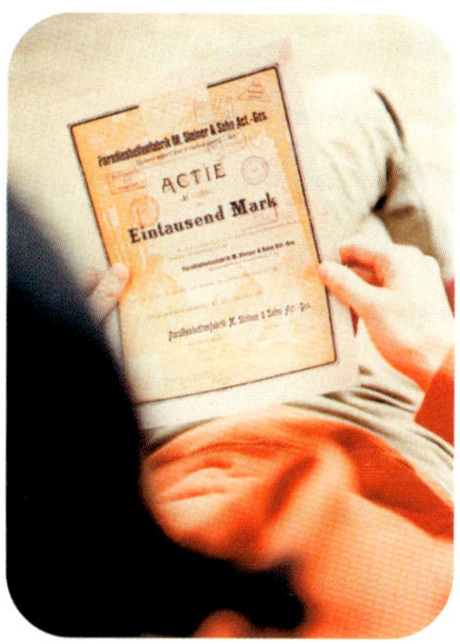

Was genau ist eine Aktie? Pragmatisch betrachtet erst mal einfach nur ein Stück Papier. Nicht irgendeins – sondern natürlich ganz superbesonderes Spezialpapier. Fälschungssicher wie ein Geldschein. Bunt bedruckt und individuell gestaltet, je nach Geschmack der Firma.

Der Philosoph aber sieht in der Aktie ein Stück Hoffnung. Auf eine positive Marktentwicklung, auf Erfolg, auf eine bessere Zukunft. Das nennt man Optimismus – und ein bisschen optimistisch muss man sein, wenn man beim großen Börsenspiel mitmachen will. Ein bisschen anders geht der Vorsichtige an die Sache ran. Für ihn ist die Aktie wie eine Erlebniskarte fürs Monopoly. Man hofft auf was Gutes – aber nix Genaues weiß man nicht.

Juristisch gesehen ist die Aktie eine Unternehmensbeteiligung. Man kauft damit also einen kleinen oder großen Teil der Firma – je nachdem, wie viele Aktien man erwirbt.
Wirtschaftlich betrachtet ist die Aktie der kleinste gemeinsame Nenner, der den Wert einer Firma beziffert. Für die Firma, für die Aktionäre. Und für mich!

MONOPOLY

Ich heiße **Werner** und bin eine Aktie

Wenn einer ein Haus hat, dann steht das irgendwo. Man kann es anfassen, und man kann hineingehen. Wenn einer Bargeld hat, dann steckt es im Portemonnaie oder in der Hosentasche. Man kann es zählen, knicken, auf den Tisch legen. Aber wenn einer Aktien hat und man sagt: „Zeig doch mal!“, dann ... tja dann ..., äh, hm.

Aktien können soooo schön sein. Wie die hier von der Firma Achterbahn. Tja, wer kennt ihn nicht, den Trickfilm-Werner mit seinem Bölkstoff? Aber Werner walzt nicht etwa nur Popper mit dem Chopper nieder, sondern ist auch eine veritable Aktiengesellschaft. Er hat eben seine Lehrjahre erfolgreich hinter sich gebracht und kann sich jetzt auf die Herrenjahre freuen. Und Werner wär nicht Werner, wenn er nicht auch daraus noch einen Ulk machte. Beziehungsweise einen Comic.

Seine Aktie ist sicher eine der am witzigsten und eigenwilligsten gestalteten, die es so gibt. King Werner mit der Fliegenpatsche trohnt mit scharfem Blick auf der Aktie und wacht über das Aktionärsglück. Und über das seiner Firma, die den Namen Achterbahn trägt. Wir wollen aber mal nicht hoffen, dass der Name einen Hinweis auf die Kursentwicklung der Aktie gibt. Denn eines wünschen wir Werner und seinen Aktionären doch auf jeden Fall: Dass seine Aktie ordentlich was „taucht“.

Aber wir zeigen hier Werner nicht etwa, weil wir gleich mit einem flotten Aktien-Tipp anfangen wollen. In diesem Buch gibt's keine Kauf-Tipps! Welche Aktien zu wem passen, findet jeder am besten selber raus.

Nein, Werner prangt hier in voller Größe, weil man in einem Buch über Aktien ja nun auch mal eine Aktie höchstpersönlich zu Gesicht kriegen will.

Und weil diese Aktien, schön bunt und schön gedruckt auf Papier, eine aussterbende Art sind – sie werden langsam richtig selten. Denn es gibt zwar viele Aktiengesellschaften, aber immer weniger Aktien auf Papier. Die meisten Firmen sparen sich die einfach. Sie müssen nämlich keine Aktien drucken lassen. Sie müssen nur definieren, wie viele Aktien zu welchem Wert im Umlauf sind. Das tun sie auch. Aber auf einem langweiligen, völlig unspektakulären Papier, das der Aktionär selber nie in die Hand bekommt.

Ich habe was, was du nicht siehst

Weltweit gibt es etwa 20 000 bis 25 000 Firmen, deren Aktien man kaufen kann. In Deutschland sind rund 1 100 Firmen an der Börse notiert. Wie viele Aktien ein Unternehmen jeweils ausgibt, ist allerdings total unterschiedlich. Die Firma Bayer zum Beispiel hat rund 730 Millionen Aktien in Umlauf. Das ist wirklich eine Menge. Und völlig zu Recht fragt man sich, ja, wo lagern die denn?

Die Aktien selbst liegen hinter den dicken Stahltüren einer Wertpapiersammelbank. Die größte deutsche ist in Frankfurt am Börsenplatz, ganz unten im Keller, im dritten Untergeschoss. Der Aktionär hat sozusagen ein unsichtbares Depot – das ist wie beim normalen Girokonto. Da liegt ja auch nicht das ganze Geld, das man hat, in Scheinen und Münzen herum.

Das ist ja nicht zu fassen

So ein Depot zu eröffnen, ist genauso unkompliziert und unglamourös wie die Eröffnung eines Girokontos. Für das Depot erhält man dann in regelmäßigen Abständen einen Depotauszug. Genau wie ein Kontoauszug dokumentiert er, welche Aktien man hat und wie viel sie wert sind. Hier ist exakt der Wert angegeben, den die Aktie zu dem Zeitpunkt hatte, als der Auszug erstellt wurde. Wird er mit der Post verschickt, muss man damit rechnen, dass sich der Wert der Aktie von gestern auf heute schon wieder verändert haben kann. Schließlich geht alles rasend schnell im Börsengeschäft.

Der Depotauszug ist deshalb eher dazu da, einen grundsätzlichen Überblick zu geben. Und er belegt schwarz auf weiß, wo man sein Geld stecken hat. Dafür interessiert sich übrigens auch das Finanzamt. Aber zu diesem heiklen Thema kommen wir später noch ausführlich.

Ich kauf mir eine Firma

Alles fängt damit an, dass eine Firma beschließt, eine Aktiengesellschaft zu werden. Aber warum tut sie das? Ganz einfach – weil sie Geld braucht. Viel Geld, und das möglichst schnell. Und von wem kriegt sie das? Von mir, dem Aktionär.

Wenn eine Firma mehr bewegen oder expandieren will, dann braucht sie dafür fast immer mehr Geld, als sie gerade hat oder in absehbarer Zeit aufbringen kann. Und wer gibt ihr das Geld? Die Bank? Manchmal ja, oft aber auch nicht.

Wenn zum Beispiel eine deutsche Firma, die ihre Produkte bisher nur im Inland verkauft hat, in anderen Ländern aktiv werden will, dann ist das irrsinnig teuer. Weil sie dann einen internationalen Vertrieb aufbauen muss. Und weil sie eine Werbung machen muss, die in das neue kulturelle Umfeld passt. Dafür braucht sie mehr Geld, als ihr jemals eine Bank geben würde. So was bekommt man schließlich nur gegen Sicherheiten. Also gegen Vermögenswerte, die die Bank verkaufen kann, wenn man es nicht schafft, den Kredit pünktlich zurückzuzahlen.

Ideen machen Geld

Was aber ist die Lösung, wenn nicht genug Vermögen da ist, um einen Kredit zu bekommen? Eben zum Beispiel eine Aktiengesellschaft zu werden. Denn da investieren dann die Aktionäre in das, was die Firma vorhat. Also du und ich. Wir alle. Vielleicht sind es nur ein paar Mark – aber Kleinvieh macht auch ganz schön viel Mist. Und Aktionäre fragen eben nicht in erster Linie nach Sicherheiten, sondern nach potenziellen Chancen. Und plötzlich stecken viele Einzelmenschen eine kleine Summe in etwas, das sie für eine gute Idee halten. Und damit hat die Firma dann genug Geld, um ihre Pläne zu verwirklichen. Ist also eigentlich ganz einfach.

Heute gibt es viele Leute, die zwar eine gute Idee haben, aber überhaupt kein Geld, um sie auf den Markt zu bringen. Zum Beispiel diese ganzen vollwahnsinnigen Software-Entwickler. Mit einer Hinterhof-Garage als Firmensitz, Pizza Napoli zum Geschäftsessen und so. Wenn die aus ihren Ideen selber was machen wollen und nicht alles einfach an eine große Company verkaufen möchten, dann ist die Bank oft nicht die richtige Adresse. Denn wenn so jemand zur Bank geht und als Sicherheit seine Schreibtischplatte aus Sperrholz angibt, wird er einfach nur ausgelacht. Und damit besteht oft der einzig mögliche Weg, an Geld zu kommen, darin, eine Aktiengesellschaft zu gründen und an die Börse zu gehen. Dass eine Firma eine Aktiengesell-

schaft ist, erkennt man an dem Kürzel AG als Namensbestandteil, zum Beispiel im Unterschied zur GmbH.

Wenn ich jetzt also von so einer Firma eine Aktie kaufe oder zwei oder viele, dann gehört mir ein Stück von dieser Firma. Deshalb gehört mir aber natürlich nicht ein Bürotisch, ein Kugelschreiber oder ein Blatt von der Yucca-Palme im Vorzimmer.

Wie hoch der Anteil ist, mit dem man über die Aktie an dem Unternehmen beteiligt ist, wird über den so genannten Nennwert der Aktie ausgedrückt. Allerdings ist der Nennwert in der Praxis für den Aktionär nicht besonders wichtig. Viel mehr interessiert ihn der Kurswert seiner Aktie, und der entsteht erst über den Handel an der Börse.

Es ist auch nicht so, dass man der Firma Geld geliehen hat mit dem Anspruch darauf, es in voller Höhe wiederzubekommen, wann immer man will. Man ist sozusagen Mit-Unternehmer und am finanziellen Erfolg oder Misserfolg beteiligt. Wenn es der Firma gut geht, wird es auch dem Kurs der Aktie gut gehen – und damit dem Aktionär. Denn wenn der Wert der Aktie steigt, dann kann er sie zu einem höheren Preis verkaufen, als er sie gekauft hat.

Wer seine Aktie nicht verkaufen will, obwohl der Kurs steigt, profitiert in der Regel aber trotzdem: Wenn eine Firma Gewinne macht, dann gibt es regelmäßig Geld für die Aktionäre – die Dividende. Hier hat in den letzten Jahren ein neuer Begriff aus dem Angelsächsischen Karriere gemacht: der „Shareholder Value“. Übersetzt bedeutet dies „Wert für den Aktionär“. Immer mehr Firmen machen eine am Aktionär orientierte Unternehmenspolitik. Das heißt, sie achten auf regelmäßige Dividendenauszahlungen, anstatt die Gewinne in Rücklagen zu stecken und damit billig Eigenkapital zu bilden. Es ist also nicht so, dass man dauernd kontrollieren muss, ob der Kurs gestiegen ist, um dann sofort zu verkaufen. Man kann auch einfach durch Abwarten an seinen Aktien verdienen.

Geld macht Geld

Ein altes Kapitalistengesetz sagt: „Nur Geld macht Geld.“ Hört sich erst mal ziemlich abgebrüht und zynisch an, ist aber wahr. Und jeder, der sein Geld irgendwo angelegt hat, damit es dort mehr wird, als es ursprünglich mal war – ob in einer Lebensversicherung, auf der Bank oder auch in einem Bausparvertrag – der zeigt damit, dass er bei diesem Spiel mitmachen will. Nämlich: Er möchte sein Geld arbeiten lassen und Zinsen bekommen, ohne selbst dafür zu arbeiten. Er will, dass sich sein Portemonnaie von selber immer mehr füllt. Und deswegen gibt er sein Geld Leuten, von denen er denkt, dass sie mehr davon verstehen als er selbst: den ganzen cleveren Profis, die bei der Versicherung oder der Bank arbeiten. Und was tun die, damit sich das Sparbuchguthaben vermehrt? Sie investieren es auf dem Kapitalmarkt, sprich an der Börse. Und weil sie das meistens mit großer Umsicht machen, erwirtschaften sie hohe Gewinne. Von den Gewinnen, die sie machen, geben sie dem Anleger dann ein bisschen was ab, indem sie ihm Zinsen auf das angelegte Geld geben.

Also, wenn die Versicherung und die Bank mit all dem Geld, das ihr Millionen brave Sparer anvertrauen, so schöne Gewinne erzielen, dann kann man das genauso gut selber in die Hand nehmen, oder? Da bringt es doch viel mehr Spaß und Erfahrung, wenn man diese Gewinne selber macht – ganz für sich allein.

Gut angelegt – gut aufgelegt

Amerikaner und Franzosen sind den Deutschen in Sachen Aktienanlage weit voraus. Gemessen am Anteil der Bevölkerung investieren dreimal so viele Amerikaner und zweimal so viele Franzosen wie Deutsche in Aktien – vor allem für die Altersvorsorge. Ein bisschen ist das sicher auch Mentalitätssache. Aber das ändert sich gerade!

In den Vereinigten Staaten gibt es sehr viel weniger Abwehr gegenüber dem Börsengeschäft. Und wenn auch ein gewisses Risiko dabei ist – macht nix. Die Pioniere haben sich schließlich auch nicht in ein gemachtes Nest gesetzt, sondern was gewagt. In Gelddingen sind wir Deutschen sehr viel zurückhaltender als die Amerikaner. Dort sitzt man gerade mal fünf Minuten mit einem völlig Fremden zusammen auf dem Bahnsteig – und schon weiß man, wie viel er und sein Bruder und sein Onkel und seine Cousine verdienen. Wir Deutschen werden beim Thema Geld eher schweigsam. Da redet man schließlich nicht drüber. Und jemand, der schnell Geld gemacht hat – ohne sich dafür bitte schön fleißig abzustrampeln – ist uns schon ein bisschen suspekt. Und deshalb haben derzeit auch nur gut 13 Prozent aller Deutschen Aktien. Immerhin noch 30 Prozent haben ihr Geld auf dem Sparbuch geparkt. Tja, schön blöd. (Warum, steht auf Seite 19 bei „Mülleimer").

Wenn jemand das Gefühl hat, Geld auf dem Sparbuch ist sicherer und Sicherheit ist für ihn superwichtig, dann hat er das Geld aus seiner persönlichen Sicht natürlich auch trotz der mageren Rendite sinnvoll angelegt.
Das Wort Rendite kommt übrigens von „sich rentieren" – bedeutet also Gewinn. Und wem es darum geht, wirklich mehr aus seinem Geld zu machen, und wer das vernünftig tut – für den lohnen sich Aktien. Und das merken immer mehr Menschen in ganz Europa.

Darum investieren in letzter Zeit zunehmend auch ganz normale Leute in Aktien. Genau genommen seit 1997, als die Telekom zur Börse ging und mit ihrer groß angelegten Werbekampagne diese Privatisierung plötzlich zum Thema für jedermann machte. Und dann liegt das natürlich auch an den Medien, die darauf jeden neugierig machen. Aber auch ganz schlicht und ergreifend daran, dass die Zinsen niedrig, die Wertsteigerungen am Aktienmarkt dagegen ziemlich kräftig sind. Langsam merkt wirklich jeder, dass die paar Prozent Zinsen, die es aufs Sparbuch gibt, nicht echt befriedigend sind.

Wer hat? Der hat!

1986 ging Bill Gates mit seiner Software-Firma Microsoft an die Börse. Wer damals mit dabei war, der war schlau und ist heute vermutlich saniert. Denn Mr. Gates gab seine Aktien damals für rund 21 Dollar das Stück aus. Im November 2000 pendelte die Microsoft-Aktie um die 70 Dollar. Das klingt erst mal nicht toll. Trotzdem: Wer damals eine Microsoft-Aktie kaufte, hat heute ein Vermögen von

rund 10 000 Dollar! Wer jetzt sagt: Moment – da stimmt doch was nicht – der hat trotzdem nicht Recht. Dass aus 21 Dollar 10 000 werden konnten, liegt nämlich vor allem auch an den so genannten Aktiensplits.

Bei so einem Split werden die Aktien geteilt – erst hat man zum Beispiel eine zu 100 Dollar, nach einem 2:1-Split sind es dann zwei zu 50. Die Firmen machen das, damit mehr Leute ihre Aktien kaufen können – logisch, weil sie plötzlich viel preiswerter sind.

Für den, der diese Aktie besitzt, ändert sich zwar durch den Split der Wert des Depots erst einmal nicht. Andererseits hat er plötzlich mehr Einzelaktien, kann dadurch auch mehr verkaufen und so im Fall eines Kursanstiegs längerfristig von einem Split profitieren. Und so war es eben auch mit Microsoft-Aktien. Da hat es bisher acht Splits gegeben.

Mit Aktien haben die Anleger – selbst wenn sie nicht auf eine so irrsinnig erfolgreiche Firma wie Microsoft setzten – im Laufe der letzten Jahrzehnte einen guten Schnitt gemacht. Wer vor zehn Jahren Aktien für 20 000 Mark gekauft hätte, da und dort auf verschiedene Papiere verteilt, der hätte heute – vorsichtig gerechnet – mindestens schon 30 000 Euro (60 000 Mark). Das ist ein Durchschnittswert, den jeder Bänker bestätigt.

Diese hohe Wertsteigerung von Kapital ist sicher bei keiner anderen Geldanlage möglich – etwa Sparbuch, Festgeld, Bausparen und was es da noch alles so gibt. Eine Beispielrechnung: Wer im Jahr 1949 1 000 Mark in Gold anlegte, bekam 50 Jahre später dafür 3 750 Mark. Wenn er fürs selbe Geld ein Sparbuch angelegt hatte, waren es immerhin schon gut 5 000 Mark. Und jetzt kommt's: Wenn er Aktien gekauft hatte, wurden es rund 600 000 Mark! Die jährliche Aktienrendite lag im Durchschnitt bei 14,5 Prozent, nach 1991 bei 18 Prozent. Aktien sind, gerade wenn man langfristig investiert, einfach unschlagbar.

In Hollywood-Filmen sieht man immer wieder Leute, die sich gnadenlos verspekuliert und komplett ruiniert haben und dann – was auch sonst – aus dem Fenster springen. Aber auch im echten Leben erreichen uns Nachrichten über verzweifelte Leute, die alles auf eine Karte gesetzt und alles verloren haben. Klar – wenn man alles auf eine Aktie setzt, sich für die Investition sogar noch Geld leiht, dann kann es gefährlich werden.

Jeder hofft darauf, dass der Kurs nach oben geht ... sonst würde man die Aktie ja gar nicht erst kaufen. Darauf gibt es aber keine Garantie. Eine Firma kann heute schneller denn je in schwierige Umstände kommen. Wenn der Aktienwert in den Keller geht, was dann? Dann muss man das entweder verschmerzen können oder es aussitzen, bis der Kurs wieder hoch geht. Und das können die Looser in den Hollywood-Filmen eben nicht. Aber „es aussitzen“ ist natürlich auch viel zu unspektakulär für eine Filmstory. Für die macht der Fenstersprung einfach mehr her.

Das einzige, was da hilft, ist: sich gründlich informieren. Und darauf achten, nicht alles auf eine Karte zu setzen. Denn wenn eine Aktie wirklich mal total wegbricht, kann man das über die andern auffangen.

Die

7 Basics

Grundausstattung

für Aktionäre

Füller

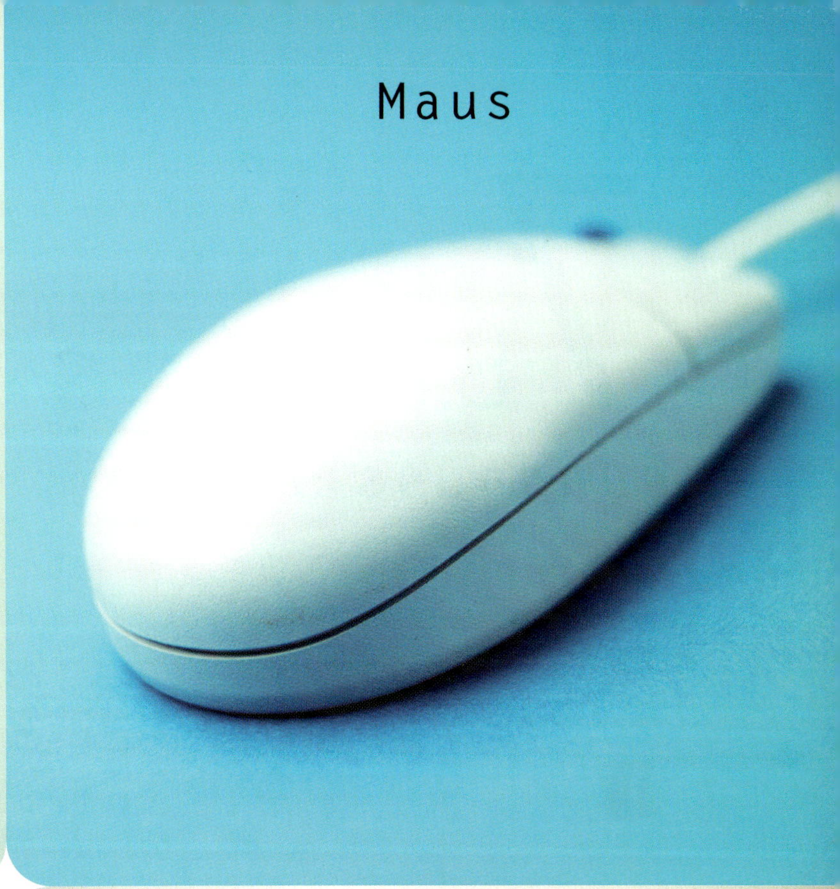
Maus

Beruhigungstropfen
GINSENG
aktiviert
den ganzen
Organismus

Mülleimer

Die 7 Basics Grundausstattung für Aktionäre

Börse

Absolutes Basic für jeden Aktionär. Die Börse – und zwar die eigene. Denn wer nicht will, dass die Feuerwehr ständig mit aufgespanntem Sprungtuch vor seinem Haus bereitsteht, der sollte es auf jeden Fall vermeiden, Geld in Aktien anzulegen, das er gar nicht hat. Never ever sollte man seine Aktienkäufe über Kredite finanzieren.

Die Bank wartet nämlich leider nicht auf wieder steigende Kurse, bevor sie die Kreditrückzahlung einfordert. Ganz unbeliebt macht man sich auch bei guten Freunden, deren Geld man in Aktien mit schlechter Kursentwicklung gesteckt hat. Nur eigenes und „überflüssiges" Geld, das man zur Not auch langfristig entbehren kann, ist gutes Geld, um damit sein Börsenglück zu suchen!

Auf die Dauer und im Durchschnitt aller Unternehmen gesehen, gingen die Börsenkurse bisher zwar kontinuierlich nach oben. Aber es kann einem natürlich trotzdem passieren, dass eine bestimmte Aktie zwischendurch mal abstürzt. Um das zu verkraften, braucht man einen gut gefüllten Geldbeutel. Auch wenn einem das ganze Aktiengeschäft ziemlich virtuell vorkommt – letztendlich wird es sehr real, wenn es nicht gut läuft. Und fünf Jahre Knäckebrot zum Abendessen, nur weil die Aktien eine schlechte Phase haben, ist irgendwie nicht wirklich toll.

Ruhekissen

Für den Aktionär gilt: Erstens Ruhe bewahren! Zweitens don't panic! Denn die Börse ist launisch. Da hat man eine wunderschöne Aktie gekauft oder auch zwei. Und plötzlich geht der Aktienkurs einer Firma wegen schlechter Presseberichte, dem Tod des Vorstandsvorsitzenden oder oder oder ab in den Keller. Das muss nicht einmal unbedingt etwas mit der Leistungskraft der Firma zu tun haben. Manchmal macht der Kurs einen nicht sofort nachvollziehbaren Schlenker. Total überraschend und völlig unerwartet. In einem solchen Fall sollte man einmal tief durchatmen und mindestens eine Nacht darüber schlafen. Denn nach einem Down gibt's fast immer ein Up. Besonders, wenn die Firma eigentlich gute Zahlen schreibt. Man muss halt ruhig bleiben und das nicht nur finanziell, sondern auch vom Kopf her aushalten können.

Das ist für viele gar nicht so einfach, denn oft lassen sich Leute, die Lust am Aktienspiel haben, auch unter dem Einfluss einer Panikattacke zu unüberlegtem Handeln verführen. Falsch liegt jedenfalls der Aktionär, für den eine Aktie mit sinkendem Kurs wie eine heiße Kartoffel ist. Nur schnell weg damit, am besten sofort. Diese Reaktion ist zwar verständlich, aber so ist der Verlust garantiert. Zur Vermeidung von Herz- und Kontoinfarkten sollten Aktionäre also öfter mal auf ein Ruhekissen zurückgreifen. Und sich den alten Börsianer-Spruch vergegenwärtigen: Hin und her macht die Taschen leer. Mehr darüber auf den Seiten 118 und 136.

Kaffee

Macht fit und ist unverzichtbar für den hartgesottenen Daytrader – also für den, der selber entscheiden will, welche Aktie er wann zu welchem Kurs kauft und verkauft. Und der immer auf die jeweilige Kursentwicklung reagieren will – sofort, ohne Zeitverzögerung. Ohne Bankberater, der ihm Händchen hält. Wer so drauf ist, muss immer am Ball sein. Tag und Nacht, rund um die Uhr. Da muss ein Becher mit Kaffee immer in Reichweite sein – egal, ob schwarz oder mit Milch und Zucker. Der Direktanleger muss wissen, wie es um seine Aktien steht, ob auf dem Börsenparkett eher Rock'n Roll oder Fox Trott angesagt ist. Und das muss er nicht nur – das will er auch. Denn dieser Anlegertyp giert nach Tempo und danach, da und dort noch einen raffinierten Deal gemacht zu haben. Ihm geht es dabei allerdings gar nicht nur um den reinen Geldgewinn, sondern vor allem auch um das Spiel als solches, ums Adrenalin, das ihm dabei durch den Körper rast. Kaufen, verkaufen, halten, abstoßen – in diesem Spannungsfeld kann er sich verwirklichen. Aktienanlage als Rentenabsicherung ist für ihn spießig und langweilig. Die Entscheidung heißt Hopp oder Topp – und das in Minuten. Sobald er eine Chance wittert, investiert er. Riecht er Verlust, verkauft er.
Er hat also guten Grund, sich ständig wach zu halten. Aber er hat vermutlich niemanden, der mal zum Kaffee vorbeikommt – dafür hat er keine Zeit. Wer soviel Thrill verkraften kann, interessiert sich vielleicht besonders für das Kapitel über Optionsscheine ab Seite 84.

Füller

Wir kennen das aus der Fernsehwerbung: Ein Unternehmen, das an die Börse gehen will, fordert die Zuschauer auf, zu zeichnen. Nichts leichter als das, denkt man, greift zum Füller und fängt beherzt an. Zeichnen, das kann ich doch. Punkt, Punkt, Komma, Strich ... Ach sooo, die meinen das anders. Man soll die Aktien kaufen! Genau. Denn zu zeichnen bedeutet, dass man ein Angebot zum Kauf von Aktien eines Börsenneulings abgibt. Hat man gezeichnet, bedeutet das aber noch lange nicht, dass man die georderten Aktien auch wirklich bekommt – nämlich dann, wenn die Nachfrage größer ist als das Angebot. Dann ist die Aktie überzeichnet, und die Banken müssen sich überlegen, wie sie die Sache regeln wollen.
Manchmal werden die Aktien auch per Losverfahren an die Leute gebracht. Das hat den Nachteil, dass man leer ausgehen kann. Superärgerlich – wo man doch so fest entschlossen war, endlich auch mal mitzumischen. Ein beliebter Trick ist es, mehr Aktien zu ordern, als man eigentlich will. Bei einer prozentualen Zuteilung hat man dann mehr Chancen, die erwünschte Menge abzubekommen. Wenn die Banken nicht rechtzeitig bekannt geben, wie sie die begehrten Aktien verteilen wollen, kann das aber teuer werden. Wer mehr zeichnet, als er haben will, der muss nach einem Losentscheid zu seinen Gunsten die ganze georderte Menge kaufen – und ist darüber vielleicht gar nicht glücklich.

Maus

Ja, ja das Internet. Ohne world-wide verwebt zu sein, läuft heute gar nichts mehr. Per Mausklick gelangt der Aktionär an alle wichtigen Informationsquellen. Leider auch an alle unwichtigen – da ist es wichtig, klug auszuwählen (mehr darüber, wie man sich schlau macht, steht ab Seite 44). Im Internet kann man alle Aktienkurse verfolgen. Natürlich topaktuell, immer auf dem neuesten Stand. Genau das Richtige für die Kaffeetrinker unter den Aktionären (siehe links unten). Und vor allem kann man auch online rund um die Uhr handeln. Wer seine Aktiengeschäfte über die Bank abwickeln lässt, ist auf deren Öffnungszeiten angewiesen. Wer also auch nach Bankschluss auf Ereignisse, die den Aktienkurs beeinflussen, reagieren will, kann das online tun.
Und weil das Internet die ganze Welt verändert hat, ist der schnelle und informationsabhängige Aktienmarkt natürlich davon besonders betroffen. Um mehr als 80 Prozent zugenommen hat der Aktienhandel durch diese Möglichkeit! Das Schöne am Online-Broking ist, dass man da erst mal in aller Ruhe rumsurfen kann, um sich da und dort Infos zu organisieren. Allerdings muss man sich da erst ein wenig einarbeiten – ganz banal ist es nicht (→ Seite 114). Man kann sich Firmenprofile und Kursentwicklungen reinholen, sich rüber in die Infodienste klicken. Ganz entspannt von zu Hause aus. Ohne dass ein Anlageberater entnervt die Augen verdreht, weil man dreimal täglich bei ihm anruft und von ihm wissen will, wie der Kurs der Aktie steht.

Beruhigungstropfen

Eins ist klar: Ein gewisses Restrisiko bleibt immer, wenn man „in Aktien macht“. Also kann man den Tag mit einem Schlückchen Beruhigungstropfen beginnen. Oder man steckt sein Geld in weniger riskante Anlageformen, die es auch am Aktienmarkt gibt. Zum Beispiel in Fonds (mehr dazu auf Seite 78).

Einen Fonds kann man mit einem Korb vergleichen, in dem die Aktien verschiedener Unternehmen liegen. Wenn also mal eine Aktie nicht so gut läuft, ist das nicht so dramatisch, weil die anderen Aktien ja auch noch mit dabei sind. Da das Geld auf mehrere gestreut ist, schlägt das Verlustrisiko nicht voll durch. Eine noch bessere Mischung aus Gewinnchancen und Risikostreuung verspricht ein Mix aus mehreren Fonds.
Beratung dazu gibt es beim Fondsmanager der Bank. Ein Fonds ist allerdings eher für die Langstrecke ausgelegt. Auch seine Rendite macht erst richtig Laune, wenn man ein paar Jahre durchhält. Das heißt also leider auch, dass man nicht mal schnell einen kurzfristigen Megagewinn mitnehmen kann – aber dafür ist das Leben sehr viel entspannter. Da kann man dann morgens beim Frühstück ganz gemütlich das Kinoprogramm statt den Börsenteil lesen. Fondsanlagen eignen sich auch für Leute, die neben ihrer Vermögensverwaltung noch einen Beruf ausüben müssen, die Hobbys haben oder eine Familie.

Mülleimer

Er ist der optimale Ort für das Sparbuch und vergleichbare Niedrigzinser. Also gut, man kann schon über Risikostreuung reden. Man kann einen Teil des angesparten Geldes in Aktien, einen in Immobilien und zur Sicherheit auch noch in einer Lebensversicherung anlegen. Aber worüber man definitiv nicht reden kann, ist das Sparbuch. Inzwischen raten sogar die Banken ihren Kunden davon ab. Höchstens 2,5 Prozent Zinsen bei gesetzlicher Kündigungsfrist gab's im Jahr 2000 auf Spargeld. Und da wir gerade dabei sind: Auch eine weitere beliebte Anlageform, die Bundesschatzbriefe, bringen nicht gerade üppig viel. Etwas über fünf Prozent bei Laufzeiten von fünf bis sechs Jahren – da kann man nicht wirklich von „Schatz“ sprechen. Die Aktie liegt mit ihrer Rendite da mit Abstand auf Platz eins. Und Gewinn macht man besonders bei langfristiger Anlage. Ein solides, gut ausgewähltes, gut gemischtes Aktiendepot (wie man das macht, steht ab Seite 74) wirft durchschnittlich mehr als 14 Prozent Zuwachs ab. Und das ist einfach richtig viel Geld. Da weiß man gar nicht, warum es Sparbücher überhaupt noch gibt. Zwei Prozent gegenüber 14! Da bleibt uns nur noch eins zu sagen: Bye bye Sparbuch! Erst bei der Bank ordentlich auflösen lassen und dann ab in den Mülleimer. Aber natürlich nicht zum Restmüll, sondern ökologisch korrekt zum Altpapier.

Ich geh jetzt auch an die Börse

An der Börse rennen doch all diese Typen im Doppelreiher oder mit roten Hosenträgern oder mit tiefgeknöpftem Hemdkragen durch den Saal. Produzieren Hektik, schreien, was das Zeug hält, und machen komische Handzeichen. Zwischendurch starren alle auf diese riesige Anzeigetafel und werfen frustriert irgendwelche Zettel auf den Boden. Der sieht dann auch dementsprechend aus. Viel Arbeit für die Putzfrau. Während die das Parkett fegt, sitzen die Börsianer alle miteinander in der Bar um die Ecke, trinken ihren Feierabend-Martini und geben an.

Klischees sind doch was Wundervolles. Aber die Wahrheit sieht völlig anders aus. Denn die Leute, die da arbeiten, sind professionelle Finanzexperten und keine Glücksritter. Und immer häufiger sitzen die einfach nur ruhig und konzentriert vor ihren Computern. Denn selbstverständlich ist auch die Börse inzwischen vernetzt. Da muss keiner mehr herumbrüllen, wenn er was kaufen oder verkaufen will – geht alles online. Ist ein richtig netter, entspannter Platz geworden. Und den wollen wir auf den nächsten Seiten mal besuchen.

Der Tanz auf dem Parkett

Denk ich an Börse, denk ich an Wall Street, an Manhattan und an Wolkenkratzer. Börsen gibt es aber in vielen Ländern, und dann meist mehrere. Das Börsengeschäft läuft überall nach vergleichbaren Regeln ab. Und zwar nach sehr strengen, denn unsaubere Geschäfte sind verpönt.

In unseren Ohren klingt das Wort 'Börse' nach Zukunft, neuen Märkten, neuen Möglichkeiten. Dabei sind Börsen eine Jahrhunderte alte Einrichtung. Und auch in den alten Börsengebäuden ging es um Gewinnerwartung, Dynamik und Expansion. Der Saal, in dem der Handel ablief, war oft mit feinem Parkett ausgelegt.
Heute versteht man unter Parketthandel das Geschäft der Makler im Börsensaal – dessen Fußboden allerdings meist mit edlem Marmor gefliest ist.

Hab Acht

Berlin, Bremen, Düsseldorf, Hamburg, Hannover, München, Stuttgart und natürlich Frankfurt. Da sind sie – die deutschen Börsen. Jeder kann hingehen und sich ansehen, wie es dort so zugeht. Aber selber in den Handel einsteigen kann man nicht. Denn der Tanz auf dem Parkett ist den Vertretern von Banken und den Maklern vorbehalten. Mit Privatanlegern direkt haben Börsenmakler nichts zu tun. Ihre Auftraggeber sind zum Beispiel Banken, Investmentfonds oder Versicherungen.
Warum das so ist? Weil ein Makler völlig damit überfordert wäre, bei jedem Privatanleger zu checken, ob der denn überhaupt genug Geld für das Aktiengeschäft hat. Der Privatanleger wendet sich deshalb an seine Hausbank oder auch an eine Direktbank. Die kümmert sich darum und gibt den Auftrag dann weiter. Eben an den Makler (mehr Infos zum Makler ab Seite 108).

So chaotisch das Börsengeschehen auf dem Bildschirm erscheinen mag, es vollzieht sich nach festen Regeln und ehernen Grundsätzen, an die sich alle Beteiligten halten müssen. Die Börse ist eine feste Organisation und wird überwacht von der Börsenaufsicht. Die arbeitet auf verschiedenen Ebenen. Da gibt es die Bundesaufsicht, die Landesaufsichtsämter und dann noch an jeder einzelnen Börse selbst den Börsenvorstand mit speziellen Überwachungsaufgaben. Und dazu ein Ehrengericht, das schwarze Schafe zur Verantwortung ziehen kann. Schließlich soll alles korrekt ablaufen. Wie unsere Mütter schon immer sagten: „Gelegenheit macht Diebe." An Gelegenheiten würde es den Marktteilnehmern jedenfalls nicht fehlen.

Es gäbe zum Beispiel die Möglichkeit, „Insidergeschäfte" zu machen, wie der Experte sagt. Bei so einem Deal nutzt ein Firmenmitarbeiter oder ein anderer, der Einblick hat, Informationen aus einem Unternehmen, die noch nicht veröffentlicht sind, die aber, wenn es dann so weit ist, den Kurs der Aktie massiv beeinflussen. So könnte er zum Beispiel bei supertollen Geschäftsaussichten schnell noch ein paar Aktien günstig kaufen. Wird die Information dann herausgegeben und die Aktie geht hoch, kann er sie für viel Geld wieder verkaufen. Aber: Das ist streng verboten und gilt als total unanständig. Auch seiner Schwester oder seinem Onkel darf der Insider solche Tipps nicht geben. Am härtesten

geht die US-Börsenaufsicht gegen den Betrug am Aktionär vor. Da heißt es auch schon mal: ab ins Gefängnis, und zwar für Jahre. Und in Deutschland kann ein krummes Geschäft teuer werden. Das Wertpapierhandelsgesetz sieht hohe Geldstrafen vor.
Auch das „Front-Running" gilt nicht. Manchmal hält ein Makler eine riesige Kauforder in der Hand, die den Kurs der von ihm gehandelten Aktie massiv in die Höhe treiben würde. Dieses Wissen könnte er jetzt ausnutzen, um schnell noch auf eigene Kasse günstig einzukaufen und so einen sicheren Gewinn einzustreichen. Darf er aber nicht!

Die größte Gaunerei aber wäre eine bewusste Kursmanipulation. Durch das Verbreiten von Gerüchten und Falschinformationen beeinflusst der Makler den Kurs einer bestimmten Aktie so, wie es seinen Interessen entspricht. Wir kennen das aus Filmen wie „Wall Street". Aber auch für Michael Douglas kam am Schluss das böse Erwachen. Dafür, dass er eine Firma mit fiesen Tricks ruinierte, wurde sein Vermögen beschlagnahmt und die Börsenlizenz eingezogen. Aber die braucht man dann ja auch nicht mehr. Wer macht schon Börsengeschäfte im Gefängnis. Damit es aber gar nicht erst so weit kommt, gibt es eben die Börsenaufsicht. Und die ist unerbittlich.

Was machen die Makler?

Sie sind die Hauptakteure an der Börse. Aber mit wem hat man es da zu tun? Zunächst mal zum Berufsnamen: Die Börsianer mögen es gar nicht, wenn man sie Broker nennt. Sie selbst nennen sich Makler. Das ist seltsam. Weil jeder normale Mensch „Broker" ganz in Ordnung findet, aber „Makler" eigentlich irgendwie unsympathisch. Makler kennt man von der Wohnungssuche. Oder sie wollen einem Lebensversicherungen verkaufen, die man weder braucht noch will. Aber o.k.! Also – Makler.

Wenn einer Börsenmakler werden will, dann sollte er zunächst eine Banklehre machen oder ein Studium der Betriebswirtschaftslehre und dann eine Spezialausbildung zum Wertpapierhändler. Als Nächstes braucht er ein Führungszeugnis und einen Bürgen, der schon an der Börse aktiv ist. Wenn dann noch ein Platz an der Börse frei ist – die Anzahl ist nämlich beschränkt – kann er zugelassen werden. Außerdem muss er einen Eid schwören, mit dem er sich dazu verpflichtet, bestimmte ethische Standards einzuhalten.
Ach Moment ... eine Kleinigkeit fehlt noch. Er muss mindestens 150 000 Euro (300 000 Mark) als Sicherheit mitbringen. Damit er, beziehungsweise sein Kunde, abgesichert ist, wenn gleich am Anfang mal was schiefgeht. Manche Makler-Einsteiger hinterlegen sogar bis zu 750 000 Euro (1,5 Millionen Mark) als Sicherheit.

Kaufen - verkaufen

Was genau tun die Makler eigentlich? Sie sind dafür verantwortlich, dass alle Aktien, die an der Börse im fortlaufenden Handel notiert sind, jederzeit ge- und verkauft werden können. Und das zu einem fairen Preis. Makler müssen also Käufer und Verkäufer zusammenbringen. Sie betreuen jeden Tag jeweils ganz bestimmte Aktien, manchmal sogar nur die einer einzigen Firma. Klar, nur so kann sich der Makler auch wirklich konzentriert kümmern und behält den Überblick über den Kursverlauf. Er ermittelt mehrmals täglich den Preis der Aktie, der sich nach Angebot und Nachfrage bestimmt. Der eine kauft, der andere verkauft. Das, was jeweils zu einem bestimmten Zeitpunkt unterm Strich herauskommt, ist der Preis oder der aktuelle Kurswert eines Wertpapiers. Und der drückt aus, was Käufer und Verkäufer von der Firma in Zukunft erwarten.

Falls mal kein Käufer zur Hand ist, springt der Makler selber ein und kauft oder verkauft auf eigene Rechnung. So wird garantiert, dass jeder Auftrag auch wirklich ausgeführt werden kann. Es wäre ja auch ziemlich unangenehm, wenn jemand seine Aktien loswerden will, aber nicht kann.

Erst cash, dann crash?

Der schlimmste Börsencrash war im Oktober 1929 in New York. Und berühmt ist er, weil darauf eine Weltwirtschaftskrise folgte. Durch den dramatischen Kursverfall fehlte damals in allen Industrieländern flüssiges Geld. Banken und Unternehmen brachen in großer Zahl zusammen, die Produktion stockte, Massenarbeitslosigkeit und soziale Verelendung folgten.

Der größte Börsencrash in der zweiten Hälfte des 20. Jahrhunderts passierte 1987. Wieder im Oktober! Damals krachte es an den Börsen der Welt. Amerikanische Aktien büßten an einem Tag 23 Prozent ihres Werts ein.

Aber an so einem Tag verliert nur der alles, der alles investiert hat. Wer so klug ist, noch eiserne Reserven zu besitzen, kann in Ruhe abwarten, bis es wieder besser wird. Und in den letzten Jahrzehnten hat sich die Börse bisher noch immer wieder gefangen. Beim '87er Crash sah nur der Oktober so richtig finster aus. Wenn man sich das ganze Jahr im Überblick ansieht, konnten die Aktionäre sogar in diesem Jahr Gewinne einstreichen.

Mitreden können

Der 5-Minuten-Börsianer

Da ist man jahrelang zur Schule gegangen, hat vielleicht auch studiert, weiß, was der Unterschied zwischen Bigamie und Blasphemie ist – und dann plötzlich: Man zappt mal kurz in die Börseninfos des Nachrichtensenders n-tv rein und versteht nur noch Bahnhof. Macht nix! Ein paar Basics, und schon kann man mitreden wie ein waschechter Börsianer. Jedenfalls fast.

Jede Branche hat ihre eigene Fachsprache. Aber man muss ja auch nicht wissen, wie der genaue Profi-Fachbegriff für jedes Einzelteil am Auto ist, um damit fahren zu können. O.K., man sollte zumindest wissen, dass das Zeug, was man reinfüllt, um voranzukommen, Benzin heißt. An der Börse ist es nicht ganz so leicht, aber wenn man mal die Basics kennt, auch nicht so besonders schwer.

Bulle & Bär

An der Börse treiben sich zwei kräftige Tiere rum. Der Bulle und der Bär. Sie sind die Symbole für das Auf-und-Ab der Kurse. Der Bulle steht für eine positive Entwicklung. Er stößt mit seinen Hörnern die Kurse nach oben. Der optimistische Anleger, der darauf setzt, dass es bergauf geht, wird bullish genannt. Genau das Gegenteil gilt für den Bären. Mit seinen großen Tatzen drückt er die Kurse runter. Und jemand, der pessimistisch an eine schlechte Entwicklung glaubt, ist bearish.

Mit der Bedeutung von Bulle und Bär hängen auch noch zwei andere Begriffe zusammen, die zum Standardrepertoire des Börsenjargons gehören, nämlich die Hausse und die Baisse. Von einer Hausse spricht man, wenn die Kurse über einen längeren Zeitraum hinweg steigen. Eine Baisse bezeichnet dauerhaft fallende Kurse.

Der Trend

Ein berühmter Börsenspruch heißt „The trend is your friend". Damit ist gemeint, dass man bei einem Aufwärtstrend zugreifen und bei einem Abwärtstrend verkaufen soll. Es ist nämlich keineswegs so, wie viele Schlauberger behaupten: dass man nämlich am besten kauft, wenn es abwärts geht, weil dann die Aktien so schön billig sind. Denn es kann ja durchaus sein, dass es noch weiter abwärts geht. Entscheidend sind die Erwartungen in die Firma. Kaufen sollte man, wenn es gerade bergauf geht, aber noch nicht so weit oben ist, dass die Aktien richtig teuer sind. Auf das richtige Timing kommt es also an, und auf ein Gespür für den aktuellen Trend.

Die Börsensprache ist durchsetzt mit dem Wort „Trend". Für die Entscheidung, wann man kauft oder verkauft, sind viele Trends wichtig. Der Zinstrend zum Beispiel. Gehen die Zinsen hoch, werden Kredite teurer. Die Firmen müssen mehr Geld für ihre Finanzierung ausgeben. Das ist schlecht für die Börse. Gehen die Zinsen runter, ist das gut für die Firmen und damit auch für die Börse. Der Konjunkturtrend sagt ganz allgemein aus, wie es um die Wirtschaft im Lande bestellt ist. Wird Wachstum erwartet, belebt das auch das Börsengeschäft. Und natürlich gibt es den Börsentrend. Alle diese Trends reagieren blitzschnell aufeinander und beeinflussen sich gegenseitig.

Der Börsentrend wird auf verschiedene Zeiträume bezogen untersucht. Da gibt es den Major Trend. Damit ist ein Zyklus gemeint, der sich über ein Jahr oder noch länger erstreckt. Mit dem Secondary Trend meint man einen Zeitraum, der zwischen drei Wochen und drei Monaten liegt. Ein Börsenzyklus, der noch kürzer ist, wird Minor Trend genannt.

Blue Chips

Chips sind schön knusprig, man kann nie genug davon haben, sie bringen jede Party erst so richtig in Schwung und man wird schön dick davon. Und genauso ist das mit den Blue Chips. So nennt man die größten und wichtigsten Aktien eines Landes – die sogenannten Standardwerte. Sie sind auf der ganzen Welt bekannt, haben mit Sicherheit sehr gute Perspektiven und zahlen schön

regelmäßig Dividende an ihre zufriedenen Aktionäre. Es sind immer die größten und bekanntesten Firmen, deren Aktien als Blue Chips bezeichnet werden. Hier in Deutschland gehören zum Beispiel Bayer dazu und auch Daimler-Chrysler oder die Telekom oder Siemens. Es sind Firmen, die ihre Leistungsfähigkeit schon seit Jahr und Tag unter Beweis stellen. Für Privat- und Kleinanleger sind sie eine gute Wahl. Gerade, wenn man sich noch nicht so gut auskennt. Denn diese Firmen haben sich schon so gut etabliert, dass mit der Aktie nicht allzu viel schief gehen kann. Einfach kaufen, ins Depot legen, sich entspannt zurücklehnen, über die Dividendenausschüttungen freuen und über die Jahre hinweg wachsen lassen.

Going public

Wenn sich eine Firma entschließt, an die Börse zu gehen, dann nennt man das „Going public". Oder IPO – Initial Public Offering (Oft sagt man nur das Kürzel „Ai Pi Ou").
Die Wertpapiere, die die frisch gebackene Aktiengesellschaft ausgibt, nennt man Neuemission.
Der Börsengang verspricht Reichtum, Erfolg, Ruhm und Ehre? Naja, für die Firma bedeutet er in erster Linie Arbeit, Arbeit und nochmals Arbeit. Gestrenge Fachleute, die so genannten Analysten (die werden auf Seite 64 genauer vorgestellt) müssen auch erst einmal überzeugt werden, denn sie bewerten die Firma. Und da reichen ein charmantes Lächeln und ein Fläschchen Schampus als Argumente noch nicht ganz aus.

Der Analyst will von der neuen Aktiengesellschaft einen präzisen Businessplan sehen, in dem kalkuliert ist, wie groß die erwarteten Umsätze, Gewinne und Ausgaben sein werden und der gute Erfolgsaussichten belegen muss.
Nervenaufreibende Gespräche mit Banken stehen an, denn die sind wie immer im Börsengeschehen das Bindeglied zwischen Aktiengesellschaft und Aktionär. Die Emissionsbank übernimmt die Aktien und verkauft sie an die Anleger weiter. Wenn sie nicht alle loskriegt, muss sie sie selbst übernehmen. Das ist natürlich ein Risiko.
Auf der anderen Seite können sich seriöse Börsenneulinge mit Erfolgsaussichten ihre Bank aussuchen. Denn eine gelungene Neuemission ist für die Bank ein Riesengeschäft. Je besser der Ruf der Bank ist, desto eher wird sich die Firma für sie entscheiden.
Eine Gratwanderung ist es für die Bank, den Ausgabekurs der Aktie festzusetzen. Um ein möglichst erfolgreiches Geschäft zu machen, strebt sie einen hohen Kurs an. Der aber könnte wiederum potenzielle Aktionäre verschrecken, die sich möglichst günstig in die neue Firma einkaufen wollen. Wenn der Ausgabekurs überteuert ist, wird er sich bald nach unten korrigieren. Das verärgert die Anleger und verschafft der Firma – möglicherweise unberechtigt – einen schlechten Start.

Der 5-Minuten-Börsianer

Sag mir mal ein Wort mit X

Sherlock Holmes entdeckte es immer, Gerichtsthriller kommen nicht ohne aus, betrogene Ehemänner suchen es: das Indiz! In der Krimi-Sprache ist es ein Beweis, im Börsenjargon ist es der Index – ein Hinweis darauf, wie es den Aktienmärkten geht. Wie es so aussieht. Eher gut, eher schlecht oder eher unverändert? Dax, MDax oder SDax?

Zu gern möchte man als Anleger einen generellen Überblick haben über die Performance an den Börsen. Aber natürlich wäre man überfordert, Aktienkurse auf der ganzen Welt zu checken. Dazu noch täglich. Man braucht also etwas, was einem die Arbeit abnimmt. Hinweise auf das Börsengeschehen. Gibt es! Man nennt sie Indices. Und kurz und knapp im Singular heißt es: Aktienindex. Davon gibt es wichtige und weniger wichtige. Außerdem sind sie von Land zu Land verschieden.

Dax, Dow Jones und Nikkei

Der Dax ist der **D**eutsche **A**ktien-Inde**x** und kam am 1. Juli 1988 zur Welt. Er ist ein vornehmer und aussagekräftiger Club. Denn in ihm sind Kursentwicklung und Dividendenzahlungen der 30 größten deutschen Aktiengesellschaften zusammengefasst. Gehen die Kurse dieser „Big Caps" nach oben, steigt auch der Dax – und umgekehrt. Alle wichtigen Branchen, wie zum Beispiel Automobilbau, Technologie, Chemie und Finanzen, sind im Dax vertreten. Ein Gremium entscheidet alle drei Monate, wer rein darf, wer raus muss, wer bleiben darf.

Der wichtigste Index der Welt – sozusagen der Leuchtturm unter den Indices – ist der Dow Jones. Er wird für die USA errechnet. Auch er umfasst die 30 größten Aktienwerte – halt die amerikanischen. Alles schaut auf den Dow Jones, denn an der New Yorker Börse werden die höchsten Umsätze gemacht und wird weltweit das meiste Kapital bewegt. Wenn der Dow Jones Husten hat, bekommen auch andere Börsen – egal, wo auf der Welt – sofort eine Erkältung.

Nach dem Dow Jones kommt gleich der Nikkei-Index. Das ist der aus Japan und funktioniert wie die anderen auch.

Ein Blick auf den Index des jeweiligen Landes, und man hat ein gutes Indiz dafür, wie es um den Aktienmarkt dort steht. Sehr praktisch. Auch wenn es nun nicht unbedingt bedeutet, dass sich die Aktien, die man gerade selbst im Depot hat, genauso entwickeln wie der Index. Aber an ihm lässt sich eine generelle Tendenz abschätzen: Wie hoch sind die Gewinnerwartungen, wie geht es den wichtigsten Unternehmen, sind die Aktienkurse realistisch?

MDax

Das ist der kleine Bruder vom Dax. Sein kompletter Vorname ist „Mid Caps". Die 70 im MDax versammelten Firmen sind, wie der Name schon sagt, mittelgroß. Die, die gleich nach den 30 Helden des Dax kommen. Jetzt könnte

man ja sagen: „Na prima. Die Nummer 31 kann ja so viel schlechter als die Nummer 30 nicht sein.“ Aber irgendwie ist das wie beim Sport. Die ersten drei Plätze sind die einzigen, die zählen. Der vierte Sieger wird gar nicht mehr erwähnt. Und beim Fußball interessieren sich alle nur für die 1. Bundesliga, obwohl auch die zweite Liga spannende Spiele zu bieten hat.

Der MDax ist bisher auch noch nicht so richtig in Fahrt gekommen. Ihm fehlt irgendwie die Aura eines Stars, die der Dax natürlich hat. Ein bisschen ungerecht ist das schon. Denn da sind durchaus interessante Kandidaten drin, die einen mit ihrer Performance überraschen. Auch das ist wie beim Fußball.

SDax

Wenn das M vom MDax für Mid Caps steht, dann steht das S vom SDax für ... na ... was wohl! Für Small Caps. Ist doch logisch! Hier findet man Werte, die noch unterm MDax liegen, aber nicht zum Neuen Markt und damit zum Nemax gerechnet werden (Erklärung folgt gleich weiter unten). Die 100 besten dieser kleineren Firmen sind im SDax zusammengefasst.

Leider bringen die Firmen im SDax noch nicht die echten Highfly-Börsenumsätze und werden dementsprechend von den Anlegern recht stiefmütterlich behandelt. Obwohl auch hier einige Hoffnungsträger darunter sind. Das gesamte Segment, in dem alle diese Kleinen drin sind – also nicht nur die 100 Stärksten – hat einen ziemlich lustigen Namen. Es hört sich an wie eine Packung Frühstücksflakes und passt wirklich gut zu diesen Babyfirmen. Der Name ist nämlich Smax (Die Abkürzung von Small Caps). Klingt doch niedlich, oder?

Nemax

Er ist seit einiger Zeit zu echter Berühmtheit gekommen. Er ist auch der einzige von den ganzen Indices, der neben dem altgedienten und schon lange etablierten Schwergewicht Dax sogar in der Tagesschau erwähnt wird. Wenn der Dax wie Robert de Niro ist, dann ist der Nemax wie Brad Pitt. Noch nicht so lange dabei, ein totaler Senkrechtstarter, aber schon ein echter Star. Mit allem, was es braucht, um ein Klassiker zu werden. Und vor allem mit jeder Menge Sexappeal.

Im Nemax tummeln sich die Aktien des so genannten „Neuen Marktes“. Und das ist eine wirklich spannende Geschichte – hier sind nämlich auch die ganzen jungen „Dot-Com“-Superfirmen zu finden. Man kann sich jetzt natürlich fragen, warum die denn unbedingt einen eigenen Index brauchen.

Das liegt daran, dass sich seit Mitte der 90er Jahre eine völlig neue Art von Firmengründungen entwickelt hat. Unternehmen, die bisher erfolgreich waren, stellen Dinge her. Die kann man anfassen, die sind groß und oft aus Metall. Klassische Industrieprodukte eben. Diese Firmen sind langsam gewachsen, haben riesige Maschinen in ihren Werken stehen und beschäftigen viele Tausend Mitarbeiter. Wenn solche Firmen an die Börse gegangen sind, waren sie schon wer und konnten auf eine erfolgreiche Firmengeschichte verweisen.

Die moderne Industrie dagegen funktioniert anders. Heute finden die echten Innovationen im Reich der Computer statt. Und da schreiben Leute Geschichte, die neue Ideen entwickeln, neue Systeme und Lösungen. Der echte Wert solcher Firmen liegt also nicht in einem riesigen Maschinenpark, sondern in den Köpfen der Inhaber, wie zum Beispiel bei den Software-Entwicklern.

Wenn so eine Firma dann an der Börse ist, beteiligen sich die Aktionäre nicht an fundierten bestehenden Firmenwerten, sondern an der Hoffnung, dass eine Idee erfolgreich sein wird. Jetzt kann man das natürlich nicht gleichsetzen mit dem, was die etablierten, im Dax versammelten Konzerne an Background haben. Also wurde ein anderer, ein neuer Index geschaffen. Eben der Nemax. Im Laufe der Jahre hat sich auch hier die Spreu vom Weizen getrennt. Einige der kleinen Ideenbuden sind zusammengebrochen, andere wurden zu richtig etablierten Unternehmen, wie zum Beispiel der Internet-Buchversender Amazon. Die 50 stärksten von ihnen sind im Nemax 50 zusammengefasst.

Gefühlssachen

Sagt eine Aktie zur anderen:
„Ich fühl mich heut so down.“
„Dann geh doch mal wieder zur Analyse,“ antwortet die andere.

Jaja, die schöne coole Welt der Zahlen. Da gelten Fakten, Fakten, Fakten. Wenn die Quersumme vom Bruttosozialprodukt auf hundertdreiundzwanzigeinhalb steht, die Biotechbranche gerade ein Patent aufs „Ich-verlieb-mich-Gen“ angemeldet hat, dann kann ich mir ganz genau ausrechnen, dass meine Aktie bei dem Dax-notierten Pharmaunternehmen auf exakt 134 Euro stehen muss. Ist ja auch klar, weil Zahlen sind Zahlen. Da gibt's nichts zu deuteln.

Uuups! Das ist ja doch alles gar nicht so klar. Denn da, wo Worte wie Zukunft, Hoffnung, Chance und Hype zur Tagesordnung gehören, fangen auch Zahlen plötzlich an zu menscheln. Da gibt's Firmen, deren Aktien haben mehr Appeal als andere, obwohl ihre Zahlen eigentlich schlechter sind.
Und letztendlich bestimmt doch alles der Aktionär mit seiner persönlichen Meinung. Aber den gibt's ja gar nicht. Sondern nur Millionen von Einzelmenschen – mit ihren Einzelmeinungen. So wie mich.

Coole & uncoole Aktien

Berlin ist cool, Rucola ist cool. Extrem uncool sind verregnete Sonntage und ausgetrocknete Filzer. So weit, so klar. Aber Aktien? Wieso gibt's da coole und uncoole?

Und schon stehen wir alle vor einer neuen Herausforderung. Es gibt nämlich wirklich coole und uncoole Aktien. Wer das bisher nicht wusste, staunt. Gerade dachte man noch, es geht darum, zwischen profitablen und unprofitablen Aktien zu unterscheiden – da muss man hören, dass dies längst nicht das einzige Kriterium für den Aktienkauf ist.

Jeans gegen Doppelreiher

Tatsächlich gibt's auch bei Unternehmen und ihren Aktien imagemäßig große Unterschiede. Und Vorurteile. Die Firmen mit den großen, etablierten Standardwerten zum Beispiel, die vor allem ruhigen Zuwachs bescheren, gelten manchmal als Langweiler. Die gibt es schon eine Ewigkeit, sie haben feste Hierarchien, und an ihren Produkten ist womöglich auch nichts besonders Spannendes – außer, dass sie sich gut verkaufen.

Zumindest kann das jemand so sehen, der auf Aktien vom Neuen Markt setzt. Warum? Weil er sich mit einem Mythos identifiziert. Und der sagt, dass diese Firmen alle in einer Hinterhofgarage angefangen haben, dass sie alle Jeans statt Anzug tragen, und dass der Chef für die Angestellten Pizza holen geht. Und dass sie trotzdem megaerfolgreich sind.

Dahinter steckt sicher auch Wunschdenken: Das sind Typen, die sind ganz anders als die Schlips- und Anzugträger – und machen denen auch noch was vor. Die wollen eine Vision verwirklichen. Und das gehört belohnt. Schön, wenn man dem Establishment dabei noch eins auswischen kann. Dass jetzt die Jungen, die Unkonventionellen, die Kreativen dieser Welt das Sagen haben. So weit die Utopie. Die Realität aber ist, dass alle einfach nur viel Geld verdienen wollen. Und das wirklich Spannende am Neuen Markt ist, dass er das oft möglich macht. Für die Firmen und für die Anleger. Weil er innovativ ist, weil da Firmen sind, die Dinge in Bewegung bringen und deren Philosophie eher „Warum nicht!" statt „Ja, aber!" ist.

Doppelreiher gegen Jeans

Kein Trend ohne Gegentrend. Inzwischen hat sich die Euphorie am Neuen Markt schon wieder gelegt. Viele von den Firmen, die laufend nur rote Zahlen geschrieben haben, aber immer noch von Chance und Hoffnung

sprachen, sind weggekippt und damit auch die Investitionen ihrer Aktionäre. Marktbereinigung nennt man so was.
Und wer ist wieder zu Ehren gekommen? Na? Genau – der Alte Markt mit seinen Standardwerten. Macht auch Sinn. Weil da lauter gute Unternehmen dabei sind, auch wenn sie nicht alle in Internet machen.
Wer diese Aktien hatte, konnte sich einfach bequem zurücklehnen und abwarten.
Es hat sich wieder mal gezeigt: Auf extreme Entwicklungen wie die der Nemax-Werte kommt unweigerlich eine Gegenreaktion. Aber womöglich steht der nächste Hype schon vor der Tür. Vielleicht in den Branchen Biotech, Logistik, Energie – wer weiß. Viele Anleger sind begierig auf neue große Möglichkeiten ...

Geschmackssachen

Also: Sogar Aktien sind eine Frage des persönlichen Geschmacks. Das hat mit dem Hintergrund und den Interessen zu tun, die man hat. Wer sich fürs Internet interessiert, hat zum Neuen Markt bestimmt einen ganz anderen Bezug als ein Technikmuffel.

Tipp: Coole Aktien an liebe Leute verschenken. Dem Bücherfreak zum Geburtstag ein paar Papiere des mutigen Verlags, der tatsächlich an die Börse gegangen ist – Eichborn. Oder zur Taufe als Patentantengeschenk Aktien einer Firma, deren Pommes und Geburtstagsfeiern bei den Kids über Jahre hinweg einen guten Stand haben, wie zum Beispiel McDonalds. Oder Aufsteiger-Aktien wie die von Beate Uhse, die es in kurzer Zeit vom SMax bis in den MDax geschafft hat (⇢ Seite 26). Oder Wind- und Solar-Werte für umweltbewusste Freunde. Wie schon oft gesagt – dies sind keine konkreten Empfehlungen! Ob die Aktie gut ist, muss jeder selber herausfinden.

Brave Makler

Gute, verantwortungsbewusste Börsenmakler lassen sich von solchen Geschmackssachen aber nicht beeinflussen. Alle setzen sie auf die gleichen Branchen, kaufen die gleichen Aktien. Statt nach echten Schnäppchen Ausschau zu halten, orientieren sie sich an den allgegenwärtigen Meinungen der großen Analystenhäuser (⇢ Seite 64). Aber wenn die erst mal eine Kaufempfehlung abgegeben haben, dann steigt der Kurs natürlich gleich nach oben und die Aktie wird teurer. Damit gehen sie keine spekulativen Risiken ein.

Werbung – zu cool zum Kapieren

Auch die Werbung versucht in letzter Zeit, „cool“ zu sein. Dabei kommen oft Anzeigen raus, die wir mit verständnislosem Kopfschütteln in Magazinen und Illustrierten betrachten: einfach, weil sie kein Mensch kapiert.

Hauptsache auffallen ist das Prinzip. Denn das wissen sie, auffallen ist wichtig. Stimmt. Aber leider sind auch Inhalte wichtig. Zum Beispiel darüber, was diese Firma überhaupt macht. Geschweige denn, warum ich ihre Aktien kaufen sollte. Dabei wäre das eine nicht unerhebliche Information, oder? Tja, da wird viel Geld verschwendet. Und die Zeit des Lesers. Wirklich schade.

Die Telekom hats besser gemacht. Klar, die hat viel mehr Geld und hat durch endlos viele Fernseh-Spots am Ende jeden erreicht. Aber gerade die Firmen, die nicht so viel in Werbung investieren können, müssten es eben einfach noch besser machen. Wenn man also mal wieder vor einer dieser total sinnentleerten „Kauf-unsere-Aktien-Anzeige“ sitzt und mehr wissen will, dann sollte man einfach anrufen und die Leute nerven. Und ganz direkt fragen, warum man ihre Aktie kaufen soll. So schlau sind sie dann doch, dass sie ihre Telefonnummer mit reinschreiben. Nur Mut! Anrufen kann schließlich jeder.

Pure Berechnung? Von wegen:

Alles Psycho

Um Himmels willen, was macht denn meine Aktie da? Eben noch auf 128 und jetzt nur noch auf 80. Oh Gott, oh Gott. Aber halt, Moment mal. Ich glaub, jetzt geht sie wieder hoch. 81, 85 ... ja! ja! ... Baby, mach weiter so. Hey, doch nicht wieder runter auf 83. Wenn du nicht brav bist, verkauf ich dich. Oder ich ignoriere dich einfach. Liebesentzug und so. Du glaubst wohl auch, du kannst machen, was du willst.

Da hat man alle guten Tipps und Ratschläge beherzigt, hat einen super Aktienratgeber gelesen, hat sich vor dem Aktienkauf wirklich rundum gut informiert – und dann das! Die Aktienkurse spielen verrückt. Man hat das Gefühl, die machen einfach ihr ganz eigenes Ding und halten sich an nichts, was logisch ist und Sinn macht. Aus Losern werden Winner und umgekehrt und überhaupt ist alles voll verdreht. Wie kann das sein???

Der Mensch macht's

Susanne ist schrecklich in Günther verliebt und leider auch schnell eifersüchtig. Völlig grundlos, denn Günther ist auch schrecklich in Susanne verliebt. Susanne spielt trotzdem verrückt und durchsucht heimlich seine Hosentaschen. Das ist ihr zwar selber peinlich – aber sie kann einfach nicht anders. Und warum? Weil sie eben nicht streng nach Handbuch fühlen kann. Psyche und Herz folgen nun mal eigenen Gesetzen – und dafür gibt's keine Handbücher.

Wo, bitte, ist da der Zusammenhang? Na, es ist ja nicht so, dass die Börse losgelöst von dieser Welt funktioniert. Sie ist keine mathematische Formel, die ihr Ergebnis aus den eigenen, unveränderlichen, logischen Bestandteilen erzielt. Der Faktor, der die Börse so unberechenbar macht, ist – der Mensch. Und diese Einsicht ist das Basic schlechthin.

Auch das Börsengeschehen wird durch Gefühle, viel Unbewusstes und tief verwurzelte psychologische Verhaltensmuster mitgesteuert – so ähnlich wie Susanne. Es werden immer wieder die gleichen Fehler gemacht, irrationale Entscheidungen getroffen, jenseits von allem, was Sinn macht. Klar. Wir sind eben nur Menschen.

Und wenn für uns frisch gebackene Aktionäre an der Börse mal alles plötzlich ganz anders läuft als erwartet, dann heißt das noch lange nicht, dass wir die Zusammenhänge nicht kapiert oder etwas wirklich Wichtiges übersehen haben. Es kann einfach sein, dass die Börse und die Kurse verrückt spielen.

Was nicht sein darf, das ist nicht

Der Mensch hat zwei Riesenprobleme. Er hasst es, wichtige Entscheidungen zu treffen. Und er hasst sich dafür, falsche

Entscheidungen getroffen zu haben. Auf unser Thema Aktie bezogen bedeutet das: Sobald jemand sich durchgerungen hat, eine bestimmte Aktie zu kaufen, wird er alles tun, um sich diese Entscheidung schönzureden.

Wenn der Kurs der Aktie nach unten geht, spielt er Vogel Strauß, nur um sich nicht eingestehen zu müssen, dass er sich geirrt hat. Stattdessen setzt er alles in Bewegung, um doch noch Bestätigung für seine Entscheidung zu erhalten. Das Hirn setzt aus, das Gefühl siegt. Oder der Stolz. Die Aktie wird auf Teufel komm raus gehalten. Denn sobald man sie abstößt, materialisiert sich nicht nur der Geldverlust, sondern, noch schlimmer, auch die Fehlentscheidung. Und da wir alle täglich um ein positives Selbstbild kämpfen, dürfen solche Fehler nicht sichtbar werden.

Noch schlimmer ist, wenn andere was davon mitkriegen. Schließlich hat man doch vorher so schön damit geprahlt, was für ein cleverer Aktienhecht man ist. Der Wunsch, das Gesicht zu wahren, ist meist stärker als jeder vernünftige Gedanke. Dazu kommt, dass man die Dinge unter Kontrolle haben möchte. Doch Vorsicht! Genau hier lauert der übelste Selbstbetrug. Man redet sich ein, Kurse vorhersagen zu können oder ein bestimmtes Erfolgssystem zu kennen. Gefährlich! Denn wenn man erst mal so weit ist, dann fängt man an, sich gnadenlos zu überschätzen. Selbstvertrauen und Know-how stehen plötzlich in krassem Missverhältnis, man fühlt sich unbesiegbar und unterschätzt zum Beispiel Kursrisiken.

Dagegen hilft schon mal ein einfacher Selbstschutz-Trick: Niemals anderen sagen, welche Aktien man hat. Denn der Außendruck ist groß und macht es einem nur unnötig schwer, wenigstens einigermaßen objektiv zu handeln.

Und dann gibt es noch diese sehr menschliche Haltung, die besagt: „Lieber ein bisschen was als gar nix." Das gilt für viele Lebensbereiche und auch für das Aktienspiel. Es bedeutet, lieber auf große Gewinne zu verzichten, als Verluste zu riskieren. Wenn also eine Aktie wieder mal so richtig schön steigt, verkaufen viele Leute viel zu früh – immer in Angst, dass sich das Blatt wieder wenden könnte.

Und wenn man jetzt davon ausgeht, dass man nicht allein ist mit all diesen Psycho-Tretminen, sondern die allermeisten Aktionäre ganz menschlich genau so funktionieren, dann wird einem auch klar, warum die Aktienkurse oft so ausgesprochen unlogisch schwanken.

Schicksal, Zufall und Statistik

Ob Katholik, Buddhist oder Atheist, alle Menschen wünschen sich eine ausgleichende Gerechtigkeit. Das übertragen sie auch auf die Welt der Aktien. Wenn eine Aktie steigt und steigt und steigt, dann muss sie doch irgendwann auch wieder fallen. Glauben sie. Also lieber schnell verkaufen. Frei nach dem Motto: „Familie Müller hat schon drei Söhne. Da wird das nächste Kind bestimmt ein Mädchen sein. Das wär ja nur wahrscheinlich." Pustekuchen! Wohl in Wahrscheinlichkeitsrechnung nicht aufgepasst. Die Chancen stehen tatsächlich jedes Mal wieder genau gleich. Es gibt da weder Schicksal noch Zufall – da werden Zusammenhänge hergestellt, die jeder Grundlage entbehren. Eine Aktie, die steigt, kann nämlich auch noch viel weiter steigen. Was heute teuer ist, ist morgen vielleicht noch teurer.

Auch Profis sind nur Menschen

Weil die echten Profis, die Börsianer, die Makler auch nur Menschen sind, trifft all das auch auf sie zu. Sie haben es sogar noch schwerer. Denn weil sie Profis sind, verschärfen sich bei ihnen viele dieser Psycho-Fallen. Zum Beispiel die mit dem positiven Selbstbild. Sie müssen noch viel mehr als der Laie an ihre Unfehlbarkeit glauben, weil sonst hätten sie sich ja nicht nur geirrt, sondern auch den falschen Beruf gewählt. Außerdem wird der Profi im Laufe eines Tages in so viele unterschiedliche emotionale Wechselbäder geworfen, dass zwischen „Juhu" und „Oje" oft kaum noch Platz ist für Objektivität. Und ans Schicksal glauben auch die Makler. Seit dem großen Crash im Oktober '87 haben alle Angst vor diesem Monat und erwarten ein erhöhtes Crash-Risiko, was natürlich völlig absurd ist. Aber Fakten schafft. So lösen Negativ-Nachrichten in diesem Monat meist stärkere Befürchtungen aus als in anderen Monaten. Und wenn alle daran glauben, kann das wirklich zur Gefahr werden.

Sind Aktien unmoralisch?

Gute Aktie

Aktien sind gut. Wär doch blöd, wenn nur Großkonzerne, die sowieso schon das dicke Geld haben, leicht an frisches Kapital kämen.
Schließlich könnte auch ich mal 'ne gute Idee haben. Und die vermarkten wollen. Da fänd ich's ziemlich prickelnd, wenn alle möglichen Leute mir das finanzieren würden. Weil: Mein Bänker würde das nämlich nicht tun. Hab mein Girokonto eh schon überzogen.

Wenn also eine Firma durch meinen Aktienkauf mehr Geld bekommt, dann kann sie auch mehr Leute anstellen. Was, bitte schön, ist daran unmoralisch? In Aktien was anzulegen und damit Geld zu machen – das ist voll in Ordnung.

Wer Aktien hat, dem gehört auch ein Stück vom Erfolg einer Firma. Damit kann man am gesellschaftlichen Reichtum teilhaben, auch wenn man nicht selber Großindustrieller ist. Ich finde, das gibt allen Leuten Chancen, unabhängig von ihrer Bildung und Ausbildung.

Manchmal träum ich auch ein bisschen: Ich leg mich an den See und warte, bis mein Geld mehr wird. Ich steh zu meinem Eigennutz.

Und ein kleines Risiko macht's doch erst spannend. Um so toller, wenn's klappt. Ich geb der Wirtschaft Geld. Die arbeitet damit, macht mehr Geld und gibt mir dann auch mehr Geld zurück.

Ist doch ein fairer Deal. Der mir was bringt und auch der Firma.

Böse Aktie

Alle hecheln nur noch dem Geld hinterher. Ist aber doch nicht das Wichtigste. Da verschieben sich Wertmaßstäbe. In die falsche Richtung! Ich find es nicht gut, wenn Leute denken, Geld machen ist so leicht. Da fehlt mir der Respekt gegenüber der Leistung von denen, die jeden Tag acht Stunden schuften – am Schreibtisch oder am Fließband. Immer der Traum vom Reichtum ohne Arbeit. Die Goldgräber wollten auch das schnelle Geld, aber die waren bereit, sich dafür die Hände schmutzig zu machen.

Die Leute, die in Aktien machen, tun grade so, als würden sie Monopoly spielen. Und kapieren nicht, dass die Kurse von Firmen immer dann hoch gehen, wenn sie massenhaft Leute entlassen. Oder die Produktion ins Ausland verlegen, weil sie in Polen, Indien und China weniger Lohn bezahlen. Einen Sozialstaat, der die Leute auffängt, die nicht mehr können, haben die da nicht. Und Auflagen, die Umwelt und Gesundheit regeln, auch nicht.

Und was ist, wenn's nicht klappt mit dem Rumspekulieren? Ist ja im Ganzen gesehen eine ziemlich irrationale Sache. Dann stehen da nämlich plötzlich Arbeitsplätze auf dem Spiel. Wenn so ein Aktienkurs einbricht, denkt jeder nur an sein Geld. Und nicht daran, dass es eine Firma vielleicht nicht schafft. Das ist doch eine egoistische Sichtweise.

Das Ganze funktioniert doch nur, weil das System auch massenhaft Verlierer produziert – die, deren Arbeitsplätze wegrationalisiert werden, die, die einen einfacheren Job bräuchten, die, die aus irgendeinem Grund nicht so 150 prozentig funktionieren. Und wenn alle am See liegen und aufs große Geld warten, wer baut dann Eisenbahnen, Kühlschränke, Computer und was wir sonst noch so an Dingen zum Leben brauchen?

Und die Moral von der Geschicht?

... trau keinem Spekulanten nicht!
Ein paar Gedanken über Aktien, Geld, Moral und Wohlbefinden.

Immer wenn's um Aktien geht, taucht auch mal das Thema Aktienspekulation auf. Irgendwann ist die unvermeidliche Frage auf dem Tisch. Die nach der Moral. Sind Aktionäre Kapitalisten und miese Spekulanten, die Mensch und Umwelt ausbeuten? Sind die, die das überhaupt nicht gut finden, realitätsfremde Utopisten, die nicht akzeptieren wollen, dass man mit Bescheidung die Welt leider auch nicht retten kann? Ist es überhaupt sinnvoll, die Welt der Aktien dauernd auf Moral und Ethos hin zu befragen? Aber o.k., lasst es uns tun.

An die darf jeder ran

Früher wurde der Sohn Tischler, wenn der Vater auch Tischler war. Ganze Generationen wurden, was der Urgroßvater, Großvater und Vater auch schon gewesen war. Freiwillig? Aus Traditionsbewusstsein? Nein, das sicher nicht. Eher schon, weil es keine andere Chance gab, irgendwie durchzukommen. Es gab einfach wenig Wahlfreiheit in Bezug auf den Beruf.

Heute ist dagegen alles wunderbar demokratisch? Jeder darf studieren, darf werden, was er will? Nein, auch heute noch gibt es unendlich viele Barrieren. Soziale und finanzielle zum Beispiel. Es ist auch heute relativ unwahrscheinlich, dass der Sohn eines Automechanikers später mal Gehirnchirurg wird. Das würde aber auch bedeuten, dass er so was wie Reichtum durch Arbeit nie erreichen wird. Wer in der Autofabrik am Band steht, kann sich genau ausrechnen, was er die nächsten 40 Jahre verdient und was nicht. Und damit ist dann auch schon Schluss. Oder?

Eben nicht! Denn die Börse gibt jedem Chancen, die er sonst nirgendwo bekommt. Wer hier schlau investiert, kann zu Geld kommen. Vielleicht verdient er dann mehr als sein Chef. Es gibt Leute, die mit Aktien dreimal so viel Geld im Jahr verdienen wie in ihrem Job.

An der Börse guckt keiner auf die Ausbildungschancen, die man nicht hatte. Da gibt es kein Vitamin B, das leider immer nur die haben, die es eigentlich eh nicht bräuchten. Nein, die Börse ist superdemokratisch. Mit einer kleinen Einschränkung: nur für die, die ein wenig Kleingeld übrig haben. Dann darf jeder mitmachen und hat seine Chance. Jeder kann gewinnen oder verlieren.

Abgezockt und ausgebeutet?

Klar, hier wird nur aufs Geld geguckt. Nur darum geht's. Und wenn eine Firma eine Entscheidung trifft, die Arbeitsplätze gefährdet, aber den Gewinn stärkt, wird sie vom Aktienkurs dafür belohnt. Typisches Beispiel: Ein Unternehmen besinnt sich auf sein Kerngeschäft, wie es so schön heißt. Das bedeutet, die unrentablen Geschäftszweige werden gekappt, nur die rentablen werden weiter am Leben gehalten. Das kann natürlich ganz schnell viele Arbeitsplätze kosten. Das Unternehmen schreibt dadurch aber wieder hübschere Zahlen in seiner Bilanz. Und schon ist es für Anleger ein gutes Geschäft. Die Aktien werden gerne und viel gekauft. Das Unternehmen freut sich.

Gegenbeispiel: Da sich die Aktionäre nur für möglichst viel Umsatz und Gewinn interessieren, ist das Unternehmen gezwungen, seine Produkte oder Dienstleistungen an den Bedürfnissen des Marktes zu orientieren. Wenn die Verbraucher Grün bevorzugen, dann zählt es nicht, wenn der Chef der Firma eine Vorliebe für Blau hat. Die Unternehmen müssen sich auf das einstellen, was am besten ankommt. Viele Firmen sind schon daran Pleite gegangen, dass der Chef seine Liebe zu Blau durchgedrückt hat. Bei einer Aktiengesellschaft ist da der Aktionär vor. Und somit werden auch wieder Arbeitsplätze geschützt.

Das Wichtigste aber ist, dass kein seriöses Unternehmen an die Börse geht, weil sich der Chef persönlich bereichern will. Die Motivation ist eine völlig andere. Es geht darum, die Firma größer und stärker zu machen. Es geht um Expansion, um bessere Marktchancen. Wenn das klappt, dann hat natürlich auch der Chef was davon. Und die Mitarbeiter. Und die Aktionäre.

Aktien statt Gehalt

Immer mehr Firmen gehen dazu über, ihren Mitarbeitern Belegschaftsaktien anzubieten. Statt einer Gehaltserhöhung, als Leistungsanreiz oder auch, um sie zu halten. Je nachdem, wie erfolgreich die Firma an der Börse ist, kann es passieren, dass ein total normaler Angestellter plötzlich Aktienmillionär ist. Man muss natürlich bei der richtigen Firma sein. Yahoo, die Suchmaschine aus dem Internet, ist beispielsweise so eine. Wer da Mitte der neunziger Jahre dabei war und Firmenaktien hatte, der hatte was zu lachen. Aber natürlich werden Unterschiede gemacht: Azubis erhalten weniger, die Personalchefin mehr.

Immer gibt es auch eine Wartefrist, meistens zwei Jahre, bevor man seine Aktien verkaufen darf. Da kann man nur hoffen, dass der Kurs dann immer noch entsprechend hoch ist. Manchmal gibt die Firma Aktien an ihre leitenden Angestellten, damit die nicht weggehen. Das kann aber auch anders ausgehen als geplant. Denn wenn die Aktien nach Ablauf der Sperrfrist viel wert sind, haben die Leute vielleicht mehr Lust, zu verkaufen. Um dann zu privatisieren, in aller Ruhe den Garten zu pflegen oder rund um die Welt zu segeln. Das war dann allerdings die falsche Abwanderungs-Vorsichtsmaßnahme.

Und Geld macht doch glücklich

Rund 30 Prozent der Deutschen glauben, dass schnell gemachtes Geld den Charakter verdirbt. Dass das Wertesystem aus den Fugen gerät, dass man sich nicht mehr anstrengt im Leben. Manche behaupten sogar, dass Geld unglücklich macht. Weil man keine Ziele mehr hat, keine Träume. Weil man nur glücklich sein kann, wenn man für Erfolg schwer arbeiten und kämpfen muss. Und nur so stolz auf sich selber sein kann.
Es kann schon sein, dass einige Menschen psychologisch aus dem Gleichgewicht geraten, wenn sie von heute auf morgen plötzlich reich sind. Aber die Frage ist, ob die vorher glücklich oder sogar glücklicher waren. Oder nicht einfach nur unglücklich und ohne Geld.

Es überrascht wenig, was alle möglichen Untersuchungen herausfanden: Reiche Menschen sind im Durchschnitt gesehen glücklicher und zufriedener als weniger reiche. Noch mehr Glück verspricht allerdings eine fröhliche und stabile Beziehung. Na, das rückt das Weltbild doch wieder gerade! Gepriesen seien die, die Geld und Liebe haben. Denn eine Nacht macht eindeutig mehr Spaß, wenn man sie zu zweit am Strand einer einsamen Karibikinsel verbringt, als alleine beim Zeitungsaustragen oder als Bedienung in einer Kneipe. Und mal ganz ehrlich, ein feines Filetsteak schmeckt einfach besser als Scheiblettenkäse.

Und Geld ist doch nicht alles

Stell dir vor, du hast Aktien – und willst kein Geld damit verdienen. Gibt's doch gar nicht! – Gibt's wohl! Zum Beispiel im Verband der „Kritischen Aktionäre". Da tummeln sich die verschiedensten Leute, die deshalb von Unternehmen Aktien kaufen, damit sie diese Unternehmen und deren Ziele kritisieren können, wenn diese zum Beispiel soziale, ethische oder Umweltstandards nicht beachten. Weil sie als Aktionär aus erster Hand über die Firma informiert werden und weil sie zum Beispiel auf der Hauptversammlung die Möglichkeit haben, diese Kritik an die Öffentlichkeit zu bringen. Besonders Konzerne aus der Großindustrie, der Pharmabranche oder Energiekonzerne werden von den Kritischen Aktionären genau unter die Lupe genommen. Oder dann gibt es noch die Fraktion der „Öko-Aktionäre". Die kaufen nur Aktien von ökologisch orientierten Firmen – speziell im Bereich Energie. Nicht, um mit ihren Aktien das große Geld zu machen, sondern um damit umweltfreundliche Energieformen und deren Weiterentwicklung zu unterstützen.
Eins ist klar: Aktien sind, was wir daraus machen.

Die ungewöhnlichen 7

Diese **Aktien** sind garantiert **keine** Durchschnittswerte!

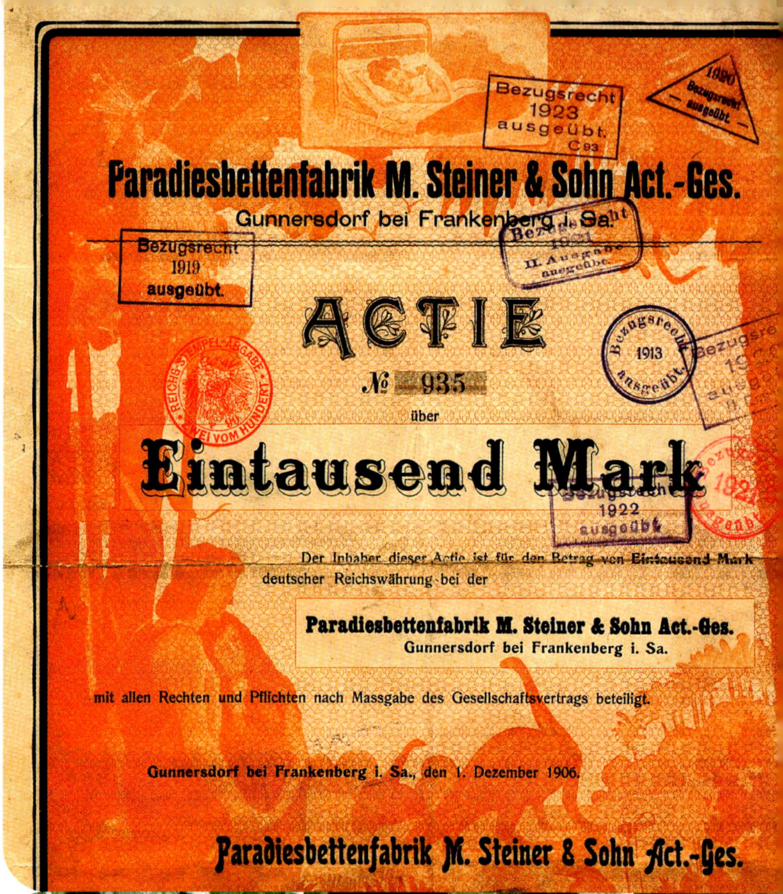
Bezugsrecht 1923 ausgeübt. C 93

1920 Bezugsrecht ausgeübt

Paradiesbettenfabrik M. Steiner & Sohn Act.-Ges.

Gunnersdorf bei Frankenberg i. Sa.

Bezugsrecht 1919 ausgeübt

ACTIE

№ 935

über

Eintausend Mark

Bezugsrecht 1913 ausgeübt

Bezugsrecht 1922 ausgeübt

Der Inhaber dieser Actie ist für den Betrag von Eintausend Mark deutscher Reichswährung bei der

Paradiesbettenfabrik M. Steiner & Sohn Act.-Ges.
Gunnersdorf bei Frankenberg i. Sa.

mit allen Rechten und Pflichten nach Massgabe des Gesellschaftsvertrags beteiligt.

Gunnersdorf bei Frankenberg i. Sa., den 1. Dezember 1906.

Paradiesbettenfabrik M. Steiner & Sohn Act.-Ges.

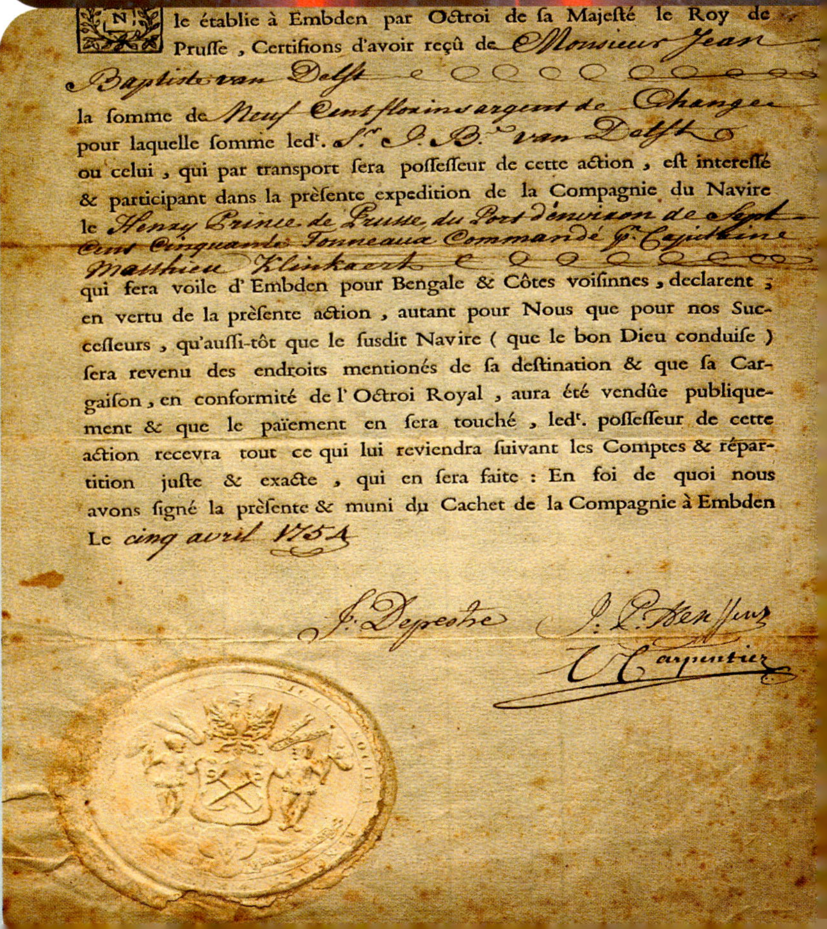

le établie à Embden par Octroi de ſa Majeſté le Roy de Pruſſe, Certifions d'avoir reçû de Monsieur Jean Baptiste van Delft

la ſomme de Neuf Cent florins argent de Change

pour laquelle ſomme led^t. S^r. J. B. van Delft

ou celui, qui par transport ſera poſſeſſeur de cette action, eſt intereſſé & participant dans la prèſente expedition de la Compagnie du Navire le Henry Prince de Prusse, du Port d'environ de Sept Cent Cinquante Tonneaux Commandé p^r. Capitaine Matthieu Klinkaert

qui ſera voile d'Embden pour Bengale & Côtes voiſinnes, declarent; en vertu de la prèſente action, autant pour Nous que pour nos Succeſſeurs, qu'auſſi-tôt que le ſusdit Navire (que le bon Dieu conduiſe) ſera revenu des endroits mentionés de ſa deſtination & que ſa Cargaiſon, en conformité de l'Octroi Royal, aura été vendûe publiquement & que le païement en ſera touché, led^t. poſſeſſeur de cette action recevra tout ce qui lui reviendra ſuivant les Comptes & répartition juſte & exacte, qui en ſera faite: En foi de quoi nous avons ſigné la prèſente & muni du Cachet de la Compagnie à Embden

Le cinq avril 1754

Die ungewöhnlichen 7

Diese Aktien sind garantiert keine Durchschnittswerte!

total hübsch

So richtig nett ist´s nur im Bett. Ob Doppelbett, ob Himmelbett, ob strenger Futon oder dickes Plumeau – ein Paradies ist es in jedem Fall. Das dachte sich auch die „Deutsche Reformbettenfabrik" und nannte sich ab 1905 „Paradiesbettenfabrik".

Klingt deutlich freundlicher, das stimmt. Die Sehnsucht nach Romantik machte auch vor der Aktie selbst nicht halt. Auf dem Wertpapier sieht man nämlich Tarzan und Jane. Eine leicht verwunderliche, aber wirklich originelle Verbindung der Themen Paradies und Bett. Das waren noch Zeiten. Nix mit zurückhaltendem Design. Nein, in die Vollen sind sie gegangen, die Herren von der Paradiesbettenfabrik. Prall, lebendig, bunt und mit viel Mut zum Gefühl.

Eine Frage aber bleibt: Ist das das richtige Design für eine Bettenfabrik? Wozu brauchen Tarzan und Jane überhaupt ein Bett? Wir wissen doch alle, dass sie lieber eng umschlungen an Lianen hingen. Und wenn sie ein Bett hatten, wo hat Cheeta dann geschlafen? Oder kam sie immer erst zum Frühstück vorbei? Mit frisch gepresstem Bananensaft? Wer weiß, wer weiß, vielleicht ist der berühmte Tarzan-Schrei ja die Folge einer so richtig schön entspannenden Nacht in einem Bett der Paradiesbettenfabrik.

total basic

Basic – im Sinne von Grundbedürfnis. Und auf eines dieser Bedürfnisse hat sich Beate Uhse spezialisiert. Mit so großem Erfolg, dass sie nun auch an der Börse zu haben ist.

Langweiliger Experten-Kommentar dazu: „Freizeit-Werte werden in Zukunft immer besser laufen." Man könnte aber auch sagen: „Sex sells." So einfach ist das – und so wahr. Denn das, was Beate anzubieten hat, kommt vermutlich nie aus der Mode und wird immer seine Abnehmer finden. Ob die nackten Damen auf den Aktien jetzt sexistisch oder schlicht nur konsequent sind – wer will darüber urteilen. Ungewöhnlich ist es auf jeden Fall.

Wer diese Aktie im Depot hat, hat entweder einen guten Riecher für diesen Markt. Oder er hat Sinn fürs Besondere und will beim nächsten Aktienplausch unter Freunden als „Der-etwas-andere-Aktionär" gelten. Denn obwohl eine Beate-Uhse-Aktie auch eine Aktie wie jede andere ist, ist sie es eben doch nicht. Und selbst der abgebrühteste Broker muss ein wenig grinsen, wenn man ihn nach dieser Aktie fragt.

total tot

Wenn man an Aktiengesellschaften denkt, dann kommen einem ja normalerweise nur große Computer- oder Stahl- oder Chemiefirmen in den Sinn. Aber es gibt auch ganz andere. Die sind nicht von dieser Welt.

Wie die Marietta Cemetary Association. Das ist nämlich eine Friedhofs-AG. Sie gründete sich im Jahr 1855. Aber bis zum Jahr 1947 waren gerade mal 46 Aktien ausgegeben worden.

Tja, da sieht mans mal wieder. Entgegen dem Sprichwort lässt sich mit dem Tod eben doch nicht immer ein Geschäft machen. Ist auch ein bisschen morbid, so eine Friedhofsaktie. Wenn man so viele andere kaufen kann.

Die Aktie sah übrigens 1947 noch ganz genauso aus wie im Jahr 1855. Nur statt der 18 wurde eine 19 eingedruckt. Auf der Aktie zu sehen sind übrigens zwei Pferde, ein Adler, eine Waage und eine hübsche junge Frau. Was soll uns das jetzt sagen?

total anders

Unternehmensbeteiligungen werden nicht immer an der Börse gehandelt. Eine ganz besondere Geschichte ist die der so genannten Genossenschaften. Sie setzten darauf – und tun es auch heute noch –, dass ihre Mitglieder gemeinsam stärker sind, indem sie zusammenlegen und gemeinsam wirtschaften.
Ein Beispiel dafür ist die „Allgemeine Deutsche Schiffszimmerer-Genossenschaft".

Weil sie ihre Hungerlöhne, um die sie auch noch mühsam kämpfen mussten, nicht mehr hinnehmen wollten, übernahmen die Schiffszimmerer-Gesellen eines Tages selbst das Ruder in dem Unternehmen. Sie verwandelten die Werft in eine Genossenschaft.

Das war 1875. Klein, klein begannen sie mit dem Bau und der Instandhaltung von Holzschiffen. Allmählich wuchs das Unternehmen. Um den Arbeitern preiswerte Wohnungen in Hafennähe anbieten zu können, kaufte die Genossenschaft die Häuser einfach selber. Langsam, aber stetig, veränderte sich dann der Geschäftszweck der „Allgemeinen Deutschen Schiffszimmerer-Genossenschaft" – weg vom Schiffsbau, hin zu einer Wohnungsgenossenschaft. Sie existiert noch heute und nennt 8 000 Wohnungen ihr Eigen.

total kurz

Es gibt Menschen, die machen echt was aus ihrem Leben. Die sind immerzu irrsinnig erfolgreich, verdienen viel Geld und sind echte Wirtschaftsbosse. Und trotzdem liest sich ihr Lebenslauf wie ein Comic aus Entenhausen – irgendwie niedlich. So einer war Harry Trüller. Schon sein Name hat was von getrüffelten Pralinen. Er wurde 1868 in Celle geboren und lernte Bäcker und Konditor. Dann ging er auf Wanderschaft. Später erfand er eine Reihe von Maschinen und Öfen für die Zwieback- und Waffelfabrikation und gründete eine Firma für Zwieback, Waffeln, Kekse und Schokolade.

Damit nicht genug. Er wurde Geschäftsführer einer weiteren Firma. Und um die geht's hier auch eigentlich. Um die Celler Straßenbahngesellschaft. Ihr Geschäftsinhalt bestand aus sage und schreibe 4,4 km Bahnstrecke. Auf diesem Stück Schiene fuhren sieben Triebwagen. Aber sicher nicht gleichzeitig in verschiedene Richtungen. Denn Harrys 4,4 km Bahnstrecke war nur eingleisig. So verrückt, wie sich's anhört, war die Sache allerdings gar nicht. Damals, als das Eisenbahnzeitalter gerade begonnen hatte, wurden viele Schienenwege über Aktien finanziert. Und Trüllers süßes Zeug und die Leute, die die Kekse buken, mussten ja auch irgendwie transportiert werden.

total gelogen

Wenn irgendwo Geld zu holen ist, sind Betrüger nicht weit. Aber ein so dreister Lügner wie Franz Gustav Wolff ist wirklich einmalig.

Mitte des 19. Jahrhunderts gab er Aktien für seine Firma aus. Und diese Firma stellte laut Herrn Wolff etwas her, wovon schon jedes Kind weiß, dass es das nicht gibt, nicht geben kann: das Perpetuum Mobile. Er hat es eben einfach behauptet, und alle waren so dumm, ihm zu glauben. Um seine Aktien unter die Leute zu kriegen, kündigte er groß an, dass es eine Demonstration des Perpetuum Mobile geben würde. Er versprach den Aktionären ein Gefährt mit 60 PS, das völlig ohne Brenn- oder andere Antriebsmaterialien fahren sollte. Das sich von selbst bewegt. Und das zukünftig auf 2000 PS steigerbar sei. 2 000 PS! Und das zur damaligen Zeit, wo die Leute noch dachten, dass man stirbt, wenn ein Zug schneller als 30 Stundenkilometer fährt. 2000 PS, die sich komplett von selbst bewegen! Schumi würde vor Neid erblassen.
Tja, to make a long story short ... der gesamte Aktienerlös floss in die private Kasse von Herrn Wolff, und da ihm erstaunlicherweise ein Betrug vom Gericht nicht nachgewiesen werden konnte, hatten die Anleger ihr Geld für immer verloren.

total vorn

Die allerallererste deutsche Aktie. Die Firma wurde im Jahre 1753 gegründet und trug den klangvollen Namen „Bengalische Kompanie von Emden". Eine ostfriesische Handelsfirma, die ihre Schiffe über die Weltmeere segeln ließ.

Leider hatte sie kein Anfängerglück. Friedrich II. machte ihr das Leben reichlich schwer, denn er unterstützte die Konkurrenz, die bald nachzog. Das war eine andere Handelsgesellschaft, die „Asiatische Kompanie". Sie hatte die besseren Beziehungen nach oben, denn Friedrich griff ihr – ganz im Stil eines absolutistischen Herrschers – kräftig unter die Arme. So verbot er der Bengalischen Kompanie einfach den Handel mit Waren, die sich mit denen der Asiatischen Kompanie überschnitten – Tee, Porzellan und Arzneidrogen.

Den Bürgern war die Beteiligung an der Bengalischen Kompanie verboten, damit bloß keiner auf die Idee kam, sein Geld von der Asiatischen Kompanie auf die Bengalische Kompanie umzuschichten. Na, das waren Sitten. Und natürlich nicht gerade die besten Bedingungen für eine Aktiengesellschaft. Nach vielen weiteren Tiefschlägen – Schiffe gingen unter oder wurden beschlagnahmt – musste die Bengalische Kompanie Konkurs anmelden.

mach

Es gibt nichts Gutes, außer man tut es. Also lass es uns tun!

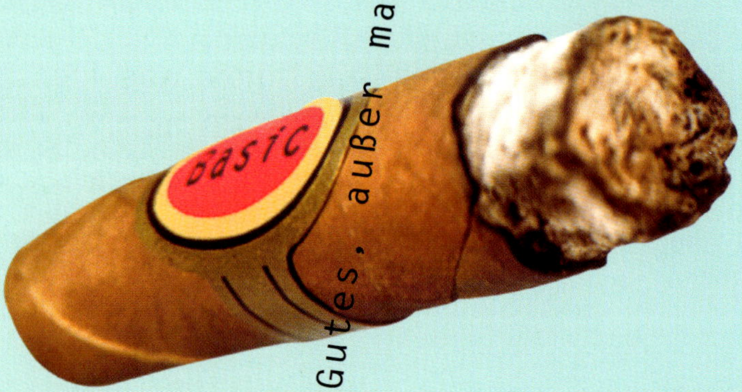

en

„Ich weiß was, ich weiß was!“
„Ach ja, was denn?“
„Dass Aktien ganz prima sind.“
„Und woher weißt du das?“
„Na, aus diesem Buch hier.“
„Und weiter?“
„Was weiter?“
„Weiß ich auch nicht.“
„Du musst halt noch ein bisschen weiterlesen.
Dann weißt du's genau.“
„Weiß ich selber.“

Schlau werden

Kluge Aktionäre wissen genau, wie man mit Aktien erfolgreich ist: durch Information.

Die ist nämlich das A und O. Die braucht man, bevor man kauft, die braucht man, wenn man schon längst ein volles Depot hat, die braucht man, wenn man verkaufen will.

Vor allem:
gute, wertvolle Information!

Erst mal muss man wissen, wo man die herbekommt. Und dann muss man sie auch verstehen können!

Und genau darum geht es jetzt.

„Wenn ich bei Mc Donalds einen Big Mac esse und er schmeckt mir, dann kauf ich am nächsten Tag Mc Donalds-Aktien!“

André Kostolany, berühmter Börsenspezialist

Geboren 1906 in Budapest als jüngster Sohn eines Industriellen. Gestorben mit 93 Jahren in Paris. Schon mit 12 Jahren begann Kostolany mit seinen ersten Aktienspekulationen. Als reicher junger Mann emigrierte er nach Amerika – mit vier Millionen erspekulierten Dollar (heutiger Wert) in der Tasche. Und auf dieser Basis machte er dann in Amerika an der Börse noch mehr Geld. Er verlor zwar zwischendurch auch immer mal wieder ein paar Millionen, aber insgesamt war er immer auf der Gewinnerseite. Kostolany hat viele Börsenbücher geschrieben, die weniger konkrete Tipps enthalten als allgemeine Einsichten. Er nannte sich selbst einen „Wanderprediger der Börse“ – klar, dass sich da seine Bücher in großen Auflagen verkaufen.

Basic Hotline

Basic Aktionäre fragen – Aktien Basics antwortet

„Ich habe gehört, dass es sogenannte Börsenbriefe gibt. Was ist das? Und wer trägt diese Briefe aus?“

Jutta, Briefträgerin

Keine Panik, Jutta! Die musst Du nicht befördern. Die kauft sich der Aktionär selber. Da sind in kurzer und knapper Form Tipps und Analysen zu Aktien drin. Alle sehr konkret – im Gegenteil zu den oft langatmigen Börsenmagazinen.
Aber wirklich zu empfehlen sind Börsenbriefe nicht. Denn sie spiegeln auch nur Meinungen wieder. Und die Trefferquote ist sagenhaft schlecht: Das „Manager Magazin“ macht einmal im Jahr die Probe aufs Exempel – und die Ergebnisse können sich wirklich nicht sehen lassen.
Also Jutta, trag Liebesbriefe aus, Weihnachtspostkarten oder sogar Rechnungen. Aber Börsenbrief: muss nicht sein.

Also sprach der Börsianer

Noch mehr Redensarten und andere Schlaumeiersprüche aus der Welt der Börse:

„Wenn’s in der Tagesschau ist, ist’s schon vorbei!“

Dieser Spruch ist jetzt mal nicht so clever. Denn das galt früher mal. Die Tagesschau lief nach Börsenschluss, der Parketthandel ist nun mal um sechs Uhr vorbei. Das kann man ihr nun wirklich nicht vorwerfen. Und auch nicht, dass sie auf eine ausführliche Börsenberichterstattung verzichtete, so lange Aktien noch etwas Seltenes waren. Aber dann wurden die Karten neu gemischt: Weil heute immer mehr normale Leute Aktien kaufen und weil durch das Internet der Handel rund um die Uhr möglich ist, berichten inzwischen alle Medien über die Aktien- und Devisenmärkte. Zum Beispiel in der Tagesschau, wo es seit November 2000 an jedem Werktag, immer vier Minuten vor Sendungsbeginn, die „Börse im Ersten“ gibt.
Aber der schlaue Aktionär informiert sich sowieso aus mehreren Quellen. Wo denn noch? Tja, jetzt immer schön durchhalten und weiterlesen bis Seite 67.

Wie machen's die anderen?

Wie ist das, wenn man plötzlich Aktionär ist? Wir wollen's wissen. Und da haben wir mal unsere Freunde gefragt.

Zum Beispiel Torsten, 42, Grafiker. Er ist schon Aktionär und gehört zu der Sorte, die keine halben Sachen macht. Er betreibt seine Anlage mit viel Ernst und lässt sich auch immer schon professionell beraten.

Seit wann hast Du Aktien oder Fonds?
Fonds seit elf Jahren. Einzelaktien seit fünf Monaten.

Wie und warum bist Du zu dieser Anlageform gekommen?
Wie: An Fonds durch einen Vermögensberater. An Aktien durch einen Freund. Warum: Beides garantiert mir höhere Renditen als Immobilien oder andere Anlageformen. Und das Risiko ist kalkulierbar.

Welche Aktien/Fonds hast Du?
Aktien: Kensington und Uniphase.
Fonds: DIT-Concentra, DIT-Industria, DIT-Biotech, DIT-Interglobal, DIT-Small Caps Europa, DIT-Tiger, Dresdner Internet.

Nach welchen Kriterien hast Du die jeweils ausgesucht?
Für mich ist Risiko-Streuung das A und O. Deshalb verschiedene Technologien, nationale, internationale, asiatische Werte.

Welche Strategie und Zielsetzung verfolgst Du mit Deiner Anlage?
85 Prozent sollen stetes, kontinuierliches Wachstum bringen. 15 Prozent setze ich mit höherer Gewinnchance, aber eben auch höherer Verlustchance ein.

Wer verwaltet Dein Depot? Wer entscheidet über neue Investitionen oder Umschichtungen?
Das Fonds-Depot verwaltet ein Vermögensverwalter, der mich da auch betreut. Mein Aktien-Depot hab ich bei Comdirect. Da berät mich ein erfahrener Freund.

Wie und in welcher Intensität informierst Du Dich über die Entwicklung Deines Depots?
Über die Fonds einmal pro Monat bei meinem Vermögensverwalter. Über meine Aktien mehrmals wöchentlich im Internet.

Was ist bei Dir gefühlsmäßig passiert, seit Du Dich mit Aktien befasst?
Am Anfang war ich völlig verrückt. Ich hab alles verschlungen, was je zu diesem Thema geschrieben worden ist. Hab verschiedene Wirtschaftsmagazine abonniert und saß im Eiscafé mit dem Kursteil vor der Nase. Ich kam mir ganz besonders vor und wollte das auch zeigen. Albern. Ich hab mich zugeballert mit Infos, hab jeden genervt, der das mit den Aktien schon länger machte. Ob er nicht einen Tipp hat oder so. Am Anfang hatte ich eine Zeitlang so einen Automobil-Fonds. Wenn ich da mitgekriegt habe, dass jemand einen Motorschaden hat, hab ich sofort gefragt: „Welche Marke, wie alt ist der Wagen, hast Du von diesen Problemen schon öfter mal was gehört?“, und so weiter. Ich bin sofort nervös geworden, weil eine der Firmen, die in meinem Fonds waren, vielleicht schlechte Autos bauen und die Kurse runtergehen, wenn sich das rumspricht.

Tabellen und Charts

??????????????????+-%,FI(T+(xB36,98)-28.?????????????????04.–Mio+ DBK)auWPKN%??????
_p?????????? HV+KBV..KGV%bB?????????????????? „Versteh' ich nicht. Was soll denn das?"
Na, das sind Börsenkurse. Zumindest sehen die für Leute im Vor-Basic-Stadium so aus. Aber warte mal ab bis zum Ende dieser Seite."

Ein Blick in den Börsenteil der Tageszeitung und schon denkt man „Puuuh!" Die Lust, Aktionär zu werden, vergeht einem schneller, als sie gekommen ist. Weil man sich hoffnungslos lost in space fühlt. Dabei muss man das Zahlenwerk und -system nur einmal durchschaut haben – dann ist es ganz einfach.

Jede Zeitung hat allerdings ihr eigenes System und ihre eigene Darstellungsform. Deshalb macht es Sinn, sich für ein Blatt zu entscheiden, sich in dessen Logik einzuarbeiten und dann auch dabei zu bleiben. Sonst muss man immer wieder von vorne anfangen. Das gilt übrigens genauso für die Börseninfos im Internet.

Zahlensprache

Die wichtigsten Punkte in den Tabellen, die in fast jedem Kursteil vorkommen:

1. Aktie
Das Unternehmen bzw. der Name der Aktie.

2. Land
Hier steht jeweils das Kürzel für das Land, in dem das Unternehmen seine Zentrale hat.

3. WKN
Wird manchmal auch WPKN genannt und ist immer sechsstellig. WKN ist die Abkürzung für ein ziemlich langes Wort mit (seit der Rechtschreibreform) drei n: „Wertpapierkennnummer". Sie ist wichtig bei Kauf und Verkauf, weil sie zur genauen Identifizierung immer mit angegeben werden muss, damit es nicht zu Verwechslungen kommt.

4. Kurs
Ist immer nur so aktuell, wie die Zeitschrift oder Zeitung. Aber das Datum, auf das sich der Kurs bezieht, ist immer mit angegeben.

5. Veränderung
Wie sich der Kurs entwickelt hat. Um wie viel Prozent er gefallen oder gestiegen ist. Auf welchen Zeitraum er sich bezieht, ist natürlich auch immer mit angegeben.

6. Hoch/Tief
Der höchste und der niedrigste Kursstand, den die Aktie innerhalb eines Jahres hatte.

7. Dividende
Wieviel Euro Dividende pro Aktie es letztes Jahr gab. Manchmal wird auch noch aufgeführt, was für die Zukunft erwartet wird. Das ist dann aber extra gekennzeichnet.

8. Dividendenrendite
Die wird so berechnet: Man teile den aktuellen Kurs (also den Preis) der Aktie durch die Dividende – und schon erhält man die Dividendenrendite. Beispiel: Bei einer Firma, die zehn Euro Dividende zahlt und deren Aktie 100 Euro kostet, hat man eine Dividendenrendite von zehn Prozent. Diese Zahl bezeichnet auch die Verzinsung, die man erhält.

Wenn man davon ausgeht, dass Kurs und Dividendenausschüttung relativ konstant

So sieht eine typische Kurstabelle im Börsenteil der Zeitung aus

1. Aktie	2. Land	3. WKN	4. Kurs	5. Veränderung seit Vorwoche	6. 1 Jahr Hoch	6. 1 Jahr Tief	7. Dividende	8. Dividenden-Rendite	9. KGV	10. Volatilität
Adidas-Salomon	D	500340	62,40	+ 8,05 %	90,00	49,55	0,92	1,5%	14,2	90,00
Biodata	D	542270	322,00	- 5,29%	398,00	45,00	0,00	-	402,5	57,74
Dresdner Bank	D	535000	52,00	- 0,19%	56,90	40,50	0,95	1,9%	21,7	36,26
Holsten Brauerei	D	608100	20,40 G	- 0,97%	25,20	15,50	0,45	2,2%	29,1	27,73
Infineon	D	623100	74,20	- 2,88%	92,30	35,00	0,00	-	30,9	54,36

bleiben, dann kann man anhand der Dividendenrendite gut einen Vergleich zu den Zinserträgen anderer Geldanlagen ziehen.

9. KGV

Das Kurs-Gewinn-Verhältnis. So eine Art Preis-Leistungs-Verhältnis. Das KGV zeigt das Verhältnis zwischen Unternehmensgewinn und Aktienkurs. Wenn eine Firma einen KGV von 10 hat, dann heißt das, dass es voraussichtlich zehn Jahre dauern soll, bis man über seine Gewinne das Geld für die Aktien wieder drin hat.

Allerdings ist dieser Wert nur relativ aussagekräftig. Früher galt ein niedriger KGV als gut. Aber auch was diese Einschätzung angeht, hat der Neue Markt wieder alles auf den Kopf gestellt: Denn hier gibt es viele junge Companies, die noch überhaupt keine Gewinne machen, auch sicher im nächsten Jahr noch nicht – und die dennoch, wenn die Erwartungen hoch sind, bei deutlicher Steigerung des Kurses eine Erfolg versprechende Anlage sind. Manche von ihnen haben im ersten Jahr einen KGV von über 400. Und das würde bedeuten, dass man 400 Jahre warten muss, bis sich die Aktienanlage amortisiert hat. Das wäre, wenn's real wäre, natürlich völlig absurd und muss natürlich überhaupt nicht so sein. Aber wenn es am Neuen Markt – wie immer mal wieder – einen ordentlichen Einbruch gibt, dann hat der eine odere andere Analyst sich doch mal wieder auf den KGV als Beurteilungskriterium besonnen und hinterfragt, wann diese oder jene Firma denn wohl endlich mal Gewinne macht. Diese Phasen sind gut und dienen der Bereinigung. Denn auch bei aller Sympathie für Hoffnungswerte – noch sympathischer ist dem Aktionär, wenn die Firma schwarze Zahlen schreibt.

10. Volatilität

Kommt aus dem Lateinischen – von volare, fliegen. Das Wort bezeichnet die Kursschwankungen einer Aktie im Vergleich zu anderen. Keine Volatilität hat eine Aktie, wenn sie sich entwickelt wie der Durchschnitt der übrigen gehandelten Papiere auch. Eine niedrige Volatilität ist auf jeden Fall ein Signal für einen stabilen Kurs über einen längeren Zeitraum. Eine hohe Volatilität freut den Aktionär, wenn der Wertzuwachs über dem Durchschnitt liegt. Sie ist ihm aber ein Graus, wenn der Kurs eines Papiers sich schlechter entwickelt als der Durchschnitt. Aktien mit hoher Volatilität sind immer als risikoreicher einzuschätzen. Aber wenn's gut läuft, bieten sie auch die größere Chance auf spontane Kursanstiege – und damit Gewinne.

In aller Kürze

Im Kursteil stehen manchmal auch noch andere Kürzel. Die können verwirren, sind aber nicht wirklich wichtig. Zum Beispiel:

G - steht für Geld. Das bedeutet, dass jemand eine Aktie zu einem bestimmten Preis kaufen wollte, sie aber dafür nicht bekommen hat. Vielleicht, weil er zu wenig geboten hat.
G ist also ein nicht ausgeführter Kaufauftrag.

B - steht für Brief. Das heißt, dass jemand eine Aktie verkaufen wollte, aber keinen Käufer gefunden hat. Vielleicht, weil er sie zu teuer verkaufen wollte. B ist also ein nicht ausgeführter Verkaufsauftrag.

Aber – wie gesagt – für uns Durchschnittsanleger ist das alles nicht wirklich wichtig.

Smart mit Chart

„Wenn es an Siebenschläfer regnet, regnet es sieben Wochen lang, und wenn der Hahn kräht auf dem Mist, ändert sich das Wetter oder es bleibt, wie es ist." Wir wüssten nur zu gern, wie das Wetter wird. Morgen, übermorgen und in den Sommerferien. Und der Anleger wüsste zu gern, wie seine Aktien stehen. Morgen, übermorgen, in zwei Jahren.

Charts sind bestimmt das anschaulichste Mittel, den Verlauf eines Aktienkurses darzustellen. Die berühmten Zickzacklinien, die man in jedem Börsenmagazin und überhaupt überall findet, zeigen auf einen Blick, wie sich der Kurs einer Aktie entwickelt hat – je nach Untersuchungszeitraum in den letzten Tagen, Wochen oder Monaten.

Da erfasst man die Performance sofort – natürlich in der Vergangenheit. Aber dann gibt's noch ganz andere Charts. Und die sollen dafür gut sein, den Kursverlauf für die Zukunft zu bestimmen.

Es wär so schön, wenn's möglich wär! Das Voraussagen eines Kursverlaufs nämlich. Und weil das mit dem Hellsehen bisher leider nicht geklappt hat, gibt es unter den Börsianern viele Anhänger der sogenannten technischen oder auch Chartanalyse.

Die funktioniert so: Der bisherige Kursverlauf einer Aktie wird in einer Kurve dargestellt, und alle hoffen, dass sich aus deren Form Ableitungen und Kursprognosen für die Zukunft ergeben. Denn es gibt bestimmte Kursbilder, Muster, die immer wiederkehren und von vielen Fachleuten als Indizien fürs zukünftige Kursverhalten gesehen werden. Wenn sich ein Aktienkurs analog zu einem der bekannten Muster verhält, dann gehen diese Chart-Gläubigen davon aus, dass sich auch die zukünftige Entwicklung an das schon bekannte Muster halten wird.

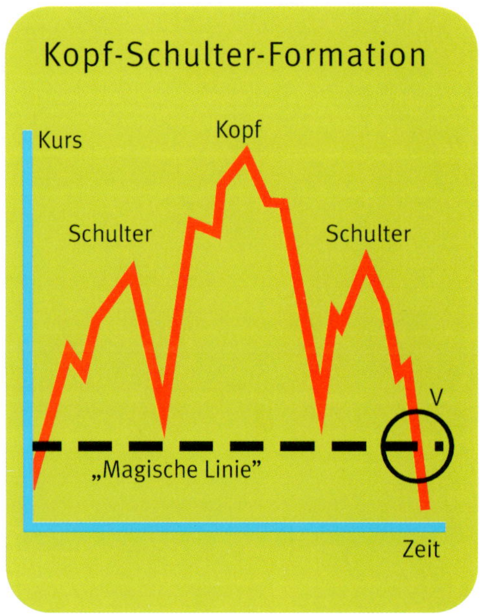

Die Sache ist einigermaßen irrational, weil unvorhersehbare Entwicklungen nicht in die Analyse eingehen. Trotzdem sind viele davon überzeugt und stimmen ihre Geschäfte darauf ab. Deshalb kann es nicht nur in unserem Unterbewusstsein, sondern sehr wohl auch an der Börse so etwas wie eine sich selbst erfüllende Prophezeiung geben. Und weil auch der rationalste Anleger solche Effekte berücksichtigen muss, stellen wir sie vor, die Chartanalyse.

Kopf-Schulter-Formation

Eines der berühmtesten Kursbilder. Erst ein leichter Anstieg, dann ein Kursrückgang. Das ist die Schulter. Ihm folgt ein steiler Kursanstieg, um dann doch wieder scharf abzufallen – der Kopf. Danach gehts wieder etwas hoch und zum Schluss wieder runter. Punkt-Punkt-Komma-Strich, fertig ist die Kopf-Schulter-Linie.

Und was sagt das jetzt den Chart-Fans? Für sie ist die Schulterlinie die magische Mindestgrenze.

Wenn es nach dem letzten Abfall des Kurses noch weiter runter geht, also die Schulterlinie noch weiter unterschritten wird, dann rechnen sie fest damit, dass der Kurs kontinuierlich weiter fallen wird.

V-Formation

Das ist einfach. Die Kurslinie bildet ein V nach. Die Linie geht schnell runter und schnell wieder hoch. Wenn es noch weiter hoch geht, nachdem das V vollendet ist, wird das von den Anhängern der Chartanalyse als Indiz dafür gewertet, dass demnächst der Kurs sicherlich noch weiter steigen wird. Geht der Kurs nach Abschluss des V allerdings nach unten, dann wird eine dramatisch negative Entwicklung erwartet. Denn dann vermuten

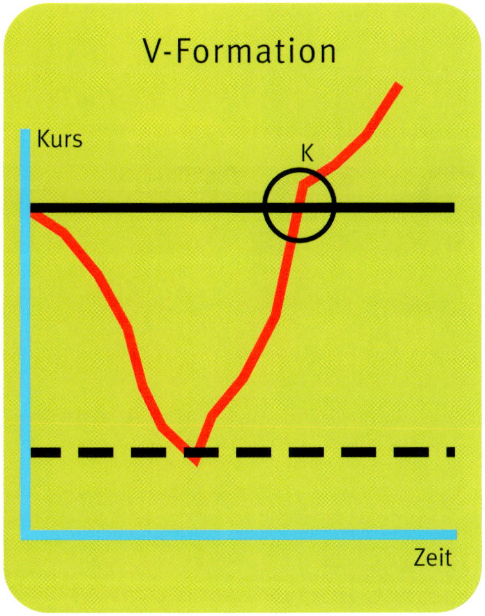

viele, dass sich das V jetzt aufmacht, um zu einem W zu werden. Und das geht an dieser Stelle ja bekanntlich stark nach unten.

Umgekehrte V-Formation

Oje! Das sieht ganz übel aus. Denn hier geht es nach dem ersten Kursanstieg gründlich bergab. Und wenn der Kurs noch über die

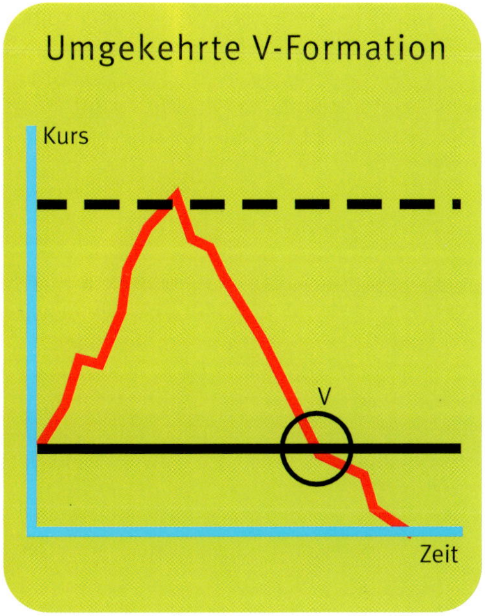

Talsohle hinweg nach unten ausbricht, dann, so heißt es, ist der Abstieg nicht mehr aufzuhalten. Die magische Grenze, an der sich der Kurs nochmal wieder hätte hochrappeln können, ist durchbrochen – und das ist ganz, ganz schlecht. Sagen die Chart-Freunde.

M-Formation

Hier ist es dasselbe Spiel wie beim umgekehrten V. Nur eben doppelt. Wenn es nach dem ausgeformten M noch weiter nach unten geht, wollen die Anleger diese Aktie so schnell wie möglich loswerden. Das M-Formations-Prinzip gibt es natürlich auch noch umgedreht als W.

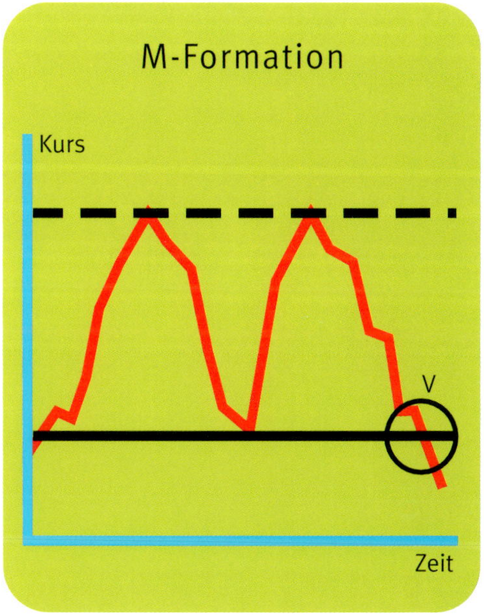

Wer dran glaubt, kann dran glauben

Insgesamt gesehen sind die Chartanalyse und die daraus abgeleiteten Prognosen mit Vorsicht zu genießen. Sie ist eben ein bisschen sowas wie das berühmt-berüchtigte System, das viele Hardcore-Zocker in den Spielcasinos zu haben glauben. Denn bei so viel unwägbaren Einflüssen, die auf den Kurs einer Aktie einwirken, gibt es verständlicherweise die Sehnsucht nach einem System, das

genau kalkulierbar jenseits der Unwägbarkeit steht. Ob klug, ob Quatsch – da es aber die Chartanalyse nun mal gibt und viele sich daran orientieren, ist sie eine Tatsache, die Aktienkurse durchaus beeinflussen kann.

Für den langfristig denkenden Aktionär ist die Chartanalyse sowieso nicht wirklich relevant. Denn er setzt ja nicht zeitgenau und kurzfristig auf den günstigsten Kauf- oder Verkaufskurs, sondern lässt seine Aktien über Jahre hinweg einfach laufen. Die Chartanalyse wird von denen angewandt, die auf schnellen Kursgewinn aus sind. Und da kann sie auch nicht wirklich schaden. Jeder sollte es einfach mal ausprobieren, ob er mit Chart noch smarter ist.
Alle anderen können sich so ein Chart vom Kursverlauf einer Aktie, die sie kaufen möchten, natürlich auch mal angucken. Einfach, um mal zu sehen, was sich beim Kurs in den letzten Monaten oder auch Jahren so getan hat.
Wir haben hier allerdings nur die bekanntesten Formationen vorgestellt. Denn es gibt noch tausendundeine andere Formation. Und es werden natürlich auch immerzu neue „entdeckt“.

Im Internet lassen sich die Charts der meisten Aktienkurse aufrufen (Adressen: zum Beispiel comdirect.de oder entrium.de

Bequem mit System

Keine Lust auf Charts? Und schon gar keine Lust, Geschäftsberichte zu wälzen? Dann ist diese Seite genau richtig. Für alle, die keine Lust auf ein neues Hobby haben und trotzdem klug mit Geld umgehen wollen. So wählen Hängematten-Typen ihre Aktien aus!

Gut, dass wir jetzt alle schon wissen, wie man den Kursteil in der Zeitung liest. Denn mehr wird nicht gebraucht für unsere Hängematten-Methode. Die geht so: Wenn man es sich ganz einfach machen will mit der Aktienauswahl, geht man nach folgendem Grundprinzip vor – und das ist wirklich absolut basic: Nicht auf Außenseiter setzen, sondern auf die Winner. Ist doch klar, oder?

Schon. Aber die Frage ist: Nach welchen Kriterien suchen wir die aus? Wie bestimmen wir den Winner-Faktor?

Da gibt's verschiedene Möglichkeiten. Die drei besten Kriterien sind die Dividenden-Rendite, der Dax und die relative Stärke. Früher rechnete man auf jeden Fall auch noch den KGV dazu – siehe Seite 48 –, aber wie schon mal gesagt, diese Bewertung des Preis-Leistungs-Verhältnisses einer Aktie greift nicht mehr überall. Diese Kriterien anzuwenden, ist übrigens viel einfacher, als es sich anhört:

Dividendenrendite

Hier sind die interessanten Aktien, die mit besonders hoher Dividendenrendite (steht unter Punkt 8 auf Seite 48/49) – und nur die nimmt man bequem in sein Depot. Welche Aktien das sind, kann man im Kursteil der Zeitung lesen. Am besten sind die, deren Dividendenrendite über sieben Prozent liegt. Das ermöglicht ein relativ ruhiges Aktionärsleben. Was damit natürlich wegfällt, sind viele gute Aktien vom Neuen Markt, die zwar einen tollen Kurs haben, aber mangels Gewinn keine Dividenden ausschütten.

Dafür hat man keine schlaflosen Nächte. Denn man muss nicht rund um die Uhr am Ball bleiben. Und nach jedem Hype kommt leider, oder Gott sei Dank, irgendwann auch die Ernüchterung. Irgendwann fragen die Analysten nämlich ganz simpel danach, ob die Firma nun Gewinne macht oder nicht. Und da ja nur die mit Gewinnen auch Dividenden auszahlen, ist man in so einem Fall mit der Auswahl nach Dividendenrendite auf der sicheren Seite.

Schlau wie Dax

Auch der Dax (Seite 26) gehört zu den Erfolgreichen. Wer sein Aktiendepot damit bestückt, kann nicht viel falsch machen. Denn schließlich ist im Dax ja nur die Créme de la Créme der deutschen Aktiengesellschaften vertreten. Ab und zu schwankt da zwar auch mal ein Kurs, aber langfristig gesehen liegt man mit Dax-Werten richtig und sicher. Denn dann kann ich davon ausgehen, dass sich mein Depot analog zum Dax entwickeln wird. Wer diese Anlagestrategie wählt, sollte allerdings mindestens 2 500 Euro angespart haben, wenn er das Geschäft über seine Hausbank machen will. Denn beim Kauf all dieser feinen Aktien wird für jedes einzelne Aktienpaket die Ankaufgebühr der Bank fällig. Also, wer 50 Siemens-Aktien und 30 VW-Aktien kauft, muss zweimal Gebühr zahlen, auch wenn er beide Aktienpakete zum gleichen Zeitpunkt kauft. Wer ohne Beratung auskommt und über die Direktbank geht, kann schon einsteigen, wenn er lediglich 1 500 Euro anlegen kann oder will (mehr zum Thema Aktien für jeden Geldbeutel: → „So kann's gehen", Seite 94).

Wenn aber der Einsatz sehr viel geringer ist, lohnt sich die Dax-Strategie nicht. Denn die Aktien dieser oberen 30 werden einem natürlich nicht gerade hinterhergeworfen. Was gut ist, hat auch seinen Preis. Und bei den Dax-notierten Firmen wird man selten so richtig günstige Schnäppchen machen.

Hier kommt noch ein Vorschlag für alle, die sich doch ein bisschen mehr Mühe machen wollen: Da die Firmen nicht gleich stark, sondern in unterschiedlicher Gewichtung im Dax vertreten sind, sollten die Werte, die man kauft, dieser Gewichtung prozentual entsprechen. Anhaltspunkt: Eine gute Anzahl sind sechs bis acht verschiedene Aktien.

Wer alle 30 Dax-Papiere kaufen wollte, hätte es schwer, denn er müsste alle drei Monate überprüfen, ob die bei der dann regelmäßig fälligen Neubewertung wieder mit dabei sind ode rnicht.
Wer es sich leichter und die Arbeit andere machen lassen will, kann seine Bank gerne mal nach einem Dax-Zertifikat fragen (mehr dazu im Basic Tipp).

Das mit der prozentualen Verteilung funktioniert übrigens nicht nur mit Einzelaktien, sondern auch mit ganzen Branchen. Man nimmt in seine Auswahl aus den Dax-Branchen die jeweils stärkste Aktie und gewichtet diese innerhalb seines Depots so wie die jeweils gesamte Branche prozentual im Dax vertreten ist.

Schlauer als der Dax

Noch ein Erfolgskriterium, das mit dem Dax zu tun hat: Man entscheidet sich für diejenigen Aktien, deren Kursentwicklung den Dax über einen gewissen Zeitraum hinweg laufend übertroffen hat. Dafür sollte man dann aber schon ein paar Monate zurückblicken. Denn auch Papiere, die sonst eine eher schwache Performance bringen, können durchaus mal ein Tageshoch erleben. Und die fassen wir lieber nicht an. Wenn aber ein Aktienkurs langen Atem bewiesen hat und schon mal drei oder sogar sechs Monate lang besser war als der Dax, dann ist das ein gutes Zeichen.

Das können natürlich einzelne Aktien sein, die selbst im Dax vertreten sind. Aber auch welche, die nicht drin sind. Wenn ihre Kursperformance besser als der Dax ist, wollen wir da mal großzügig sein.

Interessant ist es auch, zu sehen, welche Branchen insgesamt besser als der Dax abgeschnitten haben. Es kann ja zum Beispiel durchaus sein, dass speziell die Pharmabranche super abgeschnitten hat. Dann sucht man sich innerhalb dieses Sektors einfach den stärksten Vertreter raus.

Relative Stärke

Börsenmagazine sind manchmal echt hilfreich. Zum Beispiel ersparen sie uns das Rechnen. Die meisten drucken eine Rangliste der Aktien ab, und zwar nach ihrer „relativen Stärke“. Sie berücksichtigt alle Hochs und Tiefs und bezeichnet die durchschnittliche Kursentwicklung, die eine Aktie hatte. Im letzten Monat, in den letzten drei Monaten oder auch im ganzen letzten Jahr.

Man kann sich hier in aller Ruhe umschauen, ganz bequem die Rosinen rauspicken und damit sein Depot füllen. Je länger eine Aktie gut gelaufen ist, desto wahrscheinlicher ist es auch, dass das so weiter geht. Denn sie hat damit eine gewisse Solidität schon bewiesen. Und es ist unwahrscheinlich, dass eine Firma plötzlich total einbricht, der es lange gut gegangen ist. Aber die Börse wäre nicht die Börse, wenn es auch hier keine Ausnahmen gäbe.

Das Schöne an dieser Auswahlmethode ist, dass man differenziert gewichten kann – je nachdem, wie risikofreudig man ist –, aus welcher Kategorie man wie viele Aktien wählt. Wer auf Nummer Sicher gehen will, sollte, wenn überhaupt, höchstens eine von den Aktien nehmen, die nur im letzten Monat gut abgeschnitten hat. Dann vielleicht noch zwei, die in den letzten drei Monaten eine starke Performance zeigten, und drei von denen, die sich das ganze letzte Jahr über gut gemacht haben. Dann liegen sechs unterschiedliche Aktien im Depot – und das ist eine ganz gute Menge für den Anfang.

Basic Tipp

Es gibt noch einen Weg für die, die keine Lust haben, sich selber Aktien rauszusuchen und den Dax mühsam nachzubilden. Sie dürfen sich aber nicht an dem Wort stoßen, das jetzt gebraucht wird: Index-Partizipationsscheine.
Der Begriff ist echt nicht attraktiv, wohl aber das, was er bedeutet: Viele Banken haben selbst Dax-Aktien im Depot und verkaufen Anteile daran. Und sie garantieren, dass diese Scheine zum aktuellen Dax-Wert zurückgekauft werden, wenn der Anleger sie nicht mehr haben will. Das ist doch ein Wort, oder?

Noch schlauer werden

Charts und Tabellen sind toll, weil sie so schön übersichtlich sind. Längs gestreift oder quer. Oft auch in Kästchen aufgeteilt. Aber immer ganz symmetrisch. Zwei runter und einen nach links und schon weiß man was. Ist doch praktisch – das ganze Leben könnte eine einzige Tabelle sein. Da wäre alles viel einfacher.

Aber das kann doch nicht alles sein! Stimmt – ist es auch nicht. Denn über Aktien kann man sich an jeder Ecke informieren. Das Fernsehen weiß was, das Internet auch. Viele Zeitschriften wissen was. Und ganz viel weiß man auch selber – ohne es zu wissen. Noch.

HONDA

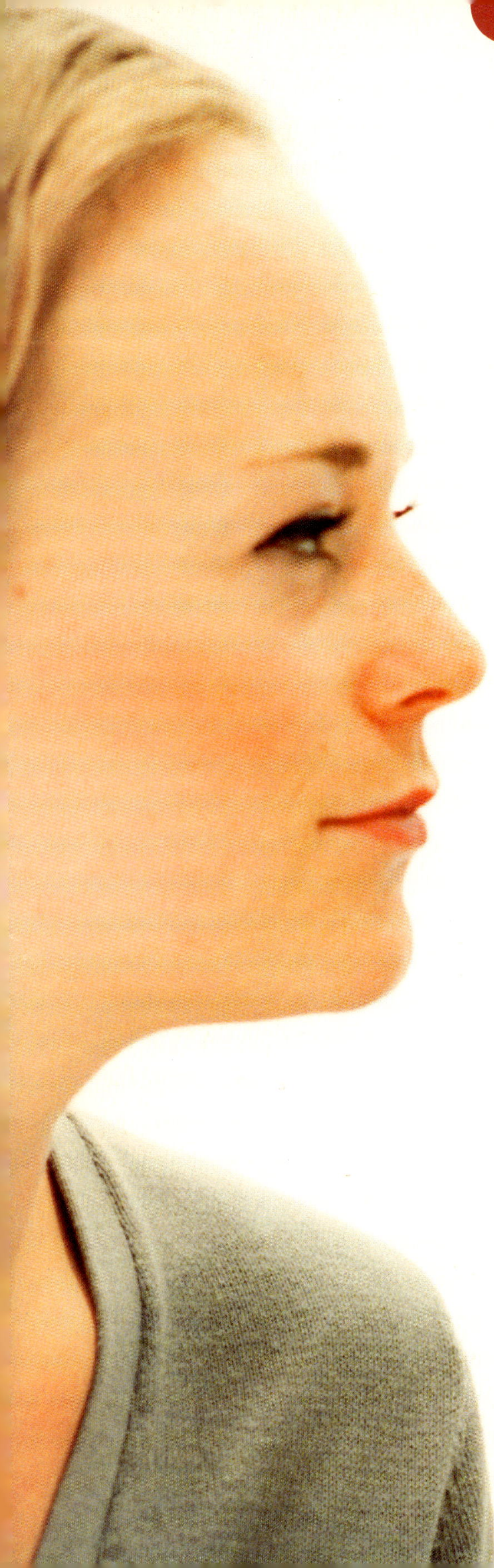

Bei der Bank

Ich frag mal

Ähm, ich hab gehört, dass man sein Geld in Aktien stecken sollte.
(... oh Gott, jetzt erzählt der mir bestimmt gleich lauter Sachen, die ich eh nicht kapiere ...)

Wie geht das denn jetzt genau. Was müsste ich tun?
(... oder muss ich vielleicht gar nichts tun, sondern er tut es? Aber WAS? ...)

Aha. Ein Fonds. Und was ist das, so ein Fonds?
(... das weiß wieder mal bestimmt jeder. Nur ich nicht. Der muss mich für völlig weltfremd halten ...)

Ach so. Und wie sicher oder unsicher ist das? Wie viel Geld müsste ich denn da überhaupt anlegen, in so einem Fonds?
(... verschiedene Aktien. Aber welche? Und warum verschiedene? Otto hat, glaub ich, nicht so einen Fonds. Der hat irgendwie was anderes ...)

Ich glaub, ich denk da nochmal drüber nach.
(... kein Wort kapiert. Wusst ich's doch. Ob ich mal Otto frage ...)

Ich sag mal

Das ist richtig. Da haben Sie einen guten Rat bekommen."
(... noch so eine, die plötzlich auf den Trichter gekommen ist ...)

Ich kann Ihnen da einen unserer Fonds empfehlen.
(... ist bald schon Mittagspause? ...)

Da sind verschiedene Aktien drin.
(... Mann - die stellt Fragen ...)

Je nachdem, was Sie entbehren können. Und sicher sind alle unsere Fonds. Der eine sehr. Dann gibt's noch einen mittelsicheren und einen, der etwas unsicherer ist, aber nicht wirklich unsicher. Und - für welchen möchten Sie sich entscheiden?
(... jetzt soll sie endlich in die Puschen kommen, damit ich den Vertrag klarmachen kann. Ist bald schon Mittagspause? ...)

Ja, natürlich. Das sollten Sie auf jeden Fall tun. Und wenn Sie sich entschieden haben, dann kommen Sie einfach wieder. Am besten direkt zu mir. Mein Name steht hier drauf. Müller, Erwin Müller. Und dann machen wir das mit Ihrem Fonds.
(... worauf wartet die denn noch? Ich hab ihr doch alles ganz genau erklärt. Ah, endlich Mittagspause ...)"

Sag mir, wer du bist, und ich sag dir, ob ich dich kaufe.

„Tschuldigung, dass ich Sie hier so anspreche. Können Sie mir vielleicht sagen, wie ich zu einer klasse Aktie komme? Wenn es gut läuft, beteilige ich Sie am Gewinn." „Aber ich kenne Sie doch überhaupt nicht." „Ich Sie doch auch nicht." „Na gut. Was soll's. Ich kenn' mich aus. Kaufen Sie unbedingt ... die bringen's todsicher."

Wer mit Aktien anfängt, dem wird plötzlich jeder einen brandheißen, supersicheren Tip geben. Das musst du kaufen, nein das, nein das, nein das. Man steht da und fragt sich, ja, welche denn jetzt? Unser Tipp: Tipps nicht von jedem annehmen!

... find ich gut

Hamburger sind ab und zu was Feines, Turnschuhe braucht man einfach und Handys auch. Und Overnight-Kuriere und Männerparfum und Lippenstift. Das finden Karl, Valeska und Kirsten auch. Soso. Dann könnte das schon mal ein guter Hinweis darauf sein, dass das Millionen anderer Menschen genauso sehen. Und das sind die besten Voraussetzungen dafür, dass es Firmen, die solche Produkte herstellen, ziemlich gut geht. Und damit natürlich auch deren Aktienkursen.

Man muss nur mit offenen Augen durch die Welt marschieren und sich überlegen, welche Produkte man selber so kauft oder gerne kaufen würde. Oder was so im Trend liegt. Wenn alle Kids plötzlich auf Sportswear stehen und es total normal ist, dass jeder einen Computer zu Hause hat, dann sollte man sich diese Branchen rauspicken und bei den Firmen, die dazugehören, die Kurse der letzten Zeit unter die Lupe nehmen. In vielen Fällen wird man feststellen, dass man ein ganz gutes Gespür hatte. Denn letztendlich geht doch nichts über den gesunden Menschenverstand. Und auf der sicheren Seite ist man, wenn man innerhalb dieser Branchen auf die Big Player setzt. Die großen Namen und Marken, die beliebt sind. Die man auch im Alltag ständig sieht, die viel gekauft werden. Denn der Vorteil bei den Markenprodukten ist, dass sie meistens mit hohem Aufwand beworben werden. Und damit erhöht sich natürlich wiederum die Aufmerksamkeit, die sie von den Konsumenten kriegen. Klar können die auch mal 'ne Formkrise haben, aber die Großen erholen sich immer wieder. Es ist ziemlich unwahrscheinlich, dass die von heute auf morgen vom Markt verschwinden. Ein Beispiel ist die Firma Apple – das sind die, die diese besonders schönen Computer machen. Die hatten im Herbst 2000 einen absoluten Tiefstand (wie im Zuge des

allgemeinen Kursniedergangs so viele andere Firmen auch). Und das trotz des großen Werberummels und ihrer schönen Verkaufserfolge mit dem „I-Mac"-Modell.

... kenn ich nicht – ist trotzdem gut

Es gibt aber auch viele gute Firmen, deren Waren nicht im normalen Alltag erscheinen. Zum Beispiel sogenannte Business-to-Business-Produkte, kurz B2B. Das sind Sachen, die eine Firma an eine andere verkauft, die daraus wiederum etwas macht, das sie an uns verkauft. Zum Beispiel wird aus Erdöl ein Kunststoffgranulat gemacht, das an alle möglichen Abnehmer geht, die daraus dann Bierkästen, Gartenmöbel, Einkaufstüten oder Gehäuse für Eierkocher machen. Und man kann Aktien von allen in dieser Kette Beteiligten kaufen. Von der Erdölfirma, dem

Granulathersteller oder dem Gartenmöbelbauer. Auch viele Software-Entwicklungsfirmen sind B2B-Companies. Die verkaufen ihre Entwicklungen an Computerfirmen, an Internetfirmen ... Aber auch die Großen haben viele solche Geschäftsbereiche, für die sie keine breite Publikumswerbung machen und die man darum auch nicht so gut kennt.

Um rauszukriegen, ob es schlau ist, von so einer Firma Aktien zu kaufen, darf man natürlich nicht so naiv vorgehen wie im Vorspann beschrieben und irgendjemanden fragen, der zufällig daherkommt. Dazu braucht es noch viel mehr Infos. Und weil man oft nicht so schnell einschätzen kann, ob das ein Erfolg versprechendes Business ist, sollte man darauf einige Mühe verwenden.

Bei rund 25 000 börsennotierten Unternehmen ist es gar nicht so einfach, auszuwählen. Zuerst kann man sich am besten einfach mal so umschauen, was zur Zeit an Schlagzeilen durch die Presse geht oder über welche Branchen auf n-tv geredet wird. Die am häufigsten Erwähnten rausfiltern und dann tiefer reingehen. Was steht über die im Wirtschaftsteil der Tageszeitung, in Börsenmagazinen, was sagen Rundfunk und Fernsehen? Oder man sieht im Internet nach, jede Wirtschaftszeitung hat heute eine Online-Seite mit Börsen-News. Es gibt auch spezielle Börsendienste, bei denen man Informationen zu einzelnen Firmen abrufen kann. Und es gibt Fachzeitschriften. Aber nicht nur die Börsenzeitschriften, sondern Zeitschriften, die über eine konkrete Branche berichten. Zum Beispiel die „Textilwirtschaft", wenn es um Mode geht oder die „Bauwirtschaft", wenn es um, na, was wohl, um den Bausektor geht. So hat jede Branche ihre eigenen Fachjournale. Und da steht natürlich sehr viel mehr drin und das sehr viel fundierter als in den anderen Blättern. Denn da reden Bauprofis mit Bauprofis. Solche Fachzeitschriften gibt's im Zeitschriftenhandel und an den Kiosken der größeren Bahnhöfe.

Wenn man sich schließlich ein paar Kandidaten ausgeguckt hat, dann kann man die natürlich auch direkt angehen. Sich zum Beispiel mal einen Geschäftsbericht zuschicken lassen. Da steht drin, wie die Firma im letzten Jahr abgeschnitten hat oder was in den nächsten Jahren laufen soll. Wenn man im Geschäftsbericht was nicht versteht, weil man leider mit Kunststoffgranulat nicht so viel anfangen kann und überhaupt keine Erfahrung damit hat, dann einfach bei der Abteilung „Investors Relations" anrufen und solange nerven, bis die einem das so erklären, dass man es versteht. Dafür sind die da.

Dumm ist schlauer

Ein Test ergab, dass die Leute, die überhaupt keine Ahnung von Aktien haben, das beste Depot zusammengestellt hätten. Willkürlich wurden Passanten auf der Straße herausgegriffen. Eine Liste mit Aktiengesellschaften wurde ihnen unter die Nase gehalten und sie sollten sagen, von welcher sie Aktien kaufen würden. Da haben sich die meisten natürlich für die Firmen entschieden, die sie kannten. Und das hat's auch gebracht: Als nach einem Monat ausgerechnet wurde, wie viel Gewinn die Amateur-Gruppe mit ihren ausgewählten Aktien gemacht hätte, schnitt sie besser ab als eine Vergleichsgruppe von Profis, denen die gleiche Liste vorgelegt wurde.

Meine schnelle Info-Quelle

Für alle, die Infos brauchen, möglichst sofort. Und ohne Stress, ohne viel Action. Die einfach nur zuhören oder zuschauen wollen. Börsenberichte für Faulenzer.

Ich guck TV: Fernbedienung reicht

Auch Privatsender machen manchmal was Gutes. Zum Beispiel n-tv. Der Nachrichtensender bietet umfangreiche Börsenberichterstattung und gut aufbereitete Informationen über das weltweite Geschehen. Rund um die Uhr. Wer also nachts mal nicht schlafen kann, muss endlich keine Schäfchen mehr zählen, sondern kann 'ne Börseninfo-Party steigen lassen.

Auf n-tv gibts viele Live-Schaltungen direkt an die Börse. Die sind spannend und geben einem ein Gefühl für die Stimmung vor Ort.

Der Hit ist zum Beispiel die „Telebörse", die dreimal täglich ausgestrahlt wird. Sie bringt Hintergrundberichte und analysiert und kommentiert auch das amerikanische Börsengeschehen gründlich.

Die zahlreichen Interviews mit Börsenprofis, Firmenchefs und anderen wichtigen Leuten erlauben dem Zuschauer einen Blick hinter die Kulissen. Spezialisten sagen, wie sie zukünftige Entwicklungen einschätzen, was sie für mehr oder weniger Erfolg versprechend halten. Expertenrunden diskutieren darüber, ob es bergauf oder bergab geht. Ihre Tipps sollte man aber nicht eins zu eins nehmen. Denn es sind schließlich immer nur die Meinungen Einzelner. Und darauf gibt niemand Garantie.

Klar, dass man auch die aktuellsten Kursveränderungen und deren konkrete Hintergründe erfährt.

Wirklich sehr praktisch ist der berühmte Börsenticker, der kontinuierlich unten durchs Bild läuft. Was man bei jedem anderen Sender als total störend empfinden würde, ist hier absolut o.k. Denn der Ticker gibt die aktuellen Kurse der wichtigsten Unternehmen an. Daneben steht zusätzlich immer noch, wie viel Prozent der Kurs im Vergleich zum Vortag rauf- oder runtergegangen ist. Auch wenn man von den Ticker-Aktien keine hat, gibt es doch ein grundsätzliches Bild vom Stand der Dinge im Börsenland.

Auch die Teletext-Seite von n-tv bietet auf über 100 Seiten umfangreiche Infos zum Kurs- und Börsengeschehen und zu relevanten Wirtschaftsthemen. Hier kann man fast jede Aktie abrufen, die es gibt. Solche Teletext-Seiten hat zwar jeder Sender im Angebot, aber die von n-tv sind einfach die besten. Ist ja klar, weil die anderen Sender das sozusagen als Zusatzschmankerl bieten und auch nicht so viel selber recherchieren. Da n-tv beim Thema Börse seine Kernkompetenz

hat, fließt die logischerweise auch in die Teletext-Seiten und deren Qualität ein. Und noch'n Tipp: Einen eigenen Börsensender betreibt der US-Konzern Bloomberg auch im deutschen Kabelnetz.

Am Börsentelefon: bei Anruf Info

Am Telefon kann man sich ja heutzutage fast alle wichtigen und unwichtigen Infos dieser Welt abholen. Die Zugverbindungen, das Wetter und eben auch die Aktienkurse.

Hier tummeln sich viele verschiedene Anbieter. Aber eins haben sie leider alle gemeinsam: Sie sind ziemlich teuer. Wer bei einer der 0190-er Nummern anruft, kann seine Aktiengewinne eigentlich gleich in die Telefonrechnung reinvestieren. Eine tägliche Fünf-Minuten-Abfrage – und die Zeit braucht man mindestens, um die relevanten Kursnachrichten abzuhören – kann einen 250 bis 300 Mark monatlich kosten. Zu teuer, finden wir und rufen stattdessen lieber mal wieder ganz liebe Freunde an, von denen wir lange nix gehört haben.

Per Faxabruf: ab und zu ist voll O.K.

Sowohl Fernsehsender als auch manche Zeitschriften bieten Börseninfos per Faxabruf an. Praktisch daran ist, dass man nicht selber an der Strippe hängen muss, dass man was anderes tun kann, während die Börseninfos eintrudeln und dass die Infos immer tagesaktuell sind. Und mitgefaxt werden auch noch ausführliche Zusatznachrichten. Und da sind wir schon beim Problem. Denn vielleicht will oder braucht man diese ganzen Hintergrundinformationen ja gar nicht – und das Fax rattert und rattert trotzdem. Das kann nerven und Kosten verursachen. Es gibt Anbieter, die das systematisch machen, um Kosten zu verursachen. Manche bieten das zwar auch als kostenlosen Service an, aber bei vielen Faxabruf-Diensten trifft man auf die berüchtigten 0190-er Nummern. Da kostet eine DIN A4-Seite dann bis zu DM 3,50. Jetzt kann man mal ganz schnell hochrechnen. Wenn's nur zehn Seiten mit Kursen sind, und das ist nicht zu knapp gerechnet, kostet so ein Faxabruf. ... Aber für ab und zu ist's eine gute Sache. Vor allem halt irrsinnig bequem. Einfach nur die Faxnummer des jeweiligen Anbieters eingeben, auf Start drükken und schon spuckt das Gerät Blatt für Blatt für Blatt aus. ...

Basic Tipp

Noch mal kurz notiert - diese TV-Sender berichten extra über das Börsengeschehen:
n-tv, ARD, ZDF, 3Sat, MDR III, DSF, Bloomberg TV.

Für alle, die es sich noch bequemer machen wollen: Börseninfos gibt es auch im Radio. Das kann man so schön den ganzen Tag über nebenbei laufen lassen:
Bayern 1, Bayern 2, Bayern 5 aktuell, Antenne Bayern, WDR 2, WDR 3, WDR 5, SDR 1, SDR 3, HR 4, NDR 1 Hansawelle, Deutsche Welle, Deutschlandfunk.

Börsenspiele: Wasch mich, aber mach mich nicht nass

Was auch zum Lernen gut sein kann, sind die sogenannten Börsenspiele von Wirtschaftszeitschriften. Ob per Fragebogen oder zum Anklicken im Internet, bei einem Börsenspiel tun die Mitspieler so, als ob sie echt an der Börse handeln würden. Sie suchen sich Aktien aus, die sie kaufen und verkaufen möchten. Nach Ablauf der Spielzeit wird ausgerechnet, wer wie viel gewonnen oder verloren hätte, wäre das ganze Ernst gewesen. Es gibt auch Börsenspiele, bei denen die Gewinner hinterher auch wirklich was gewinnen. Geldprämien oder Sachpreise – nicht die echte „erspekulierte“ Summe natürlich.

Das Gute an Börsenspielen ist, dass man ohne böse Konsequenzen üben kann. Problematisch daran ist, dass es völlig unrealistisch ist: Diese Spiele ziehen sich gerade mal über ein paar Wochen oder Monate hin – im echten Leben ist das viel zu kurz, um Rentabilität erzielen zu können. Was man damit ebenfalls nicht lernt, ist, dass man im Umgang mit Aktien ausdauerndes Interesse haben sollte, nicht nur einen Blitzanfall. Und so entspannt wie im Spiel sollte man im echten Leben mit Geld auch niemals umgehen.

Wer also bei einem Börsenspiel mal gut abschneidet, sollte sich danach besser noch nicht sofort als geborener Aktienprofi fühlen. Das wäre gefährlich. Das wahre Leben hat nochmal andere Regeln – gerade an der Börse.

Lesen & surfen

Darf's auch ein bisschen mehr sein? Für alle, die sich als engagiertes Mitglied der Informationsgesellschaft sehen. Für den, der gerne schmökert. Und für Uli, der's immer noch ein Stück ausführlicher will.

Im Internet: schlau gesurft

Brandaktuell, nur einen Mausklick entfernt, gibt es Infos in Hülle und Fülle im World Wide Web. Viele Direktbanken (mehr dazu Seite 106) bieten Surfern als zusätzlichen Service Börseninfos an. Gute Seiten sind zum Beispiel die der Bank 24, die von Comdirect oder vom Handelsblatt, um nur einige zu nennen.

Man kann einfach den Namen der Firma, deren Kurs man wissen will, in die Suchmaschine der Seite eingeben, und schon sind die begehrten Daten da. Der Kurs von heute, der Kursverlauf der letzten Tage, Monate und Jahre. Und wenn man will, erhält man per Mausklick noch mehr Hintergrundinfos und News über die jeweilige Firma. Ein gut strukturiertes Portal in die Welt der Finanzen bietet übrigens die Adresse: de.finance.yahoo.com.

Die Anbieter recherchieren alle diese Informationen natürlich nicht selber. Dafür gibt es wieder Spezialisten. Was für die einheimische Presse die Deutsche Presse-Agentur dpa ist, ist für ein Börsenmagazin und seine Online-Brüder der Börseninfodienst Reuters. Das Netz der Reuters-Informanten umspannt die ganze Welt. Was die Redakteure draus machen, ist auch für Privatmenschen online zu sehen. Die „.com"-Adresse ist zwar auf Englisch, hat aber eine übersichtlichere Struktur als die „.de"-Alternative. Ansehen sollte man sich auch mal vwd.de, Aktiencheck.de (den lieben die Analysten), instock.de (ist auf den Nemax spezialisiert) und gattrix.de (informiert über Neuemissionen).

!!! Doch Vorsicht im Internet! Wer sich nicht auf SERIÖSE Quellen beschränkt, kann viel verlieren. Da jeder ungefiltert ungeprüfte Nachrichten ins Netz stellen kann, gibt es Leute, die das ganz anonym für üble Betrugsaktionen nutzen. Sie kaufen zum Beispiel von einer Firma schön viele Aktien schön günstig. Dann verbreiten sie das Gerücht von einer großen, Erfolg versprechenden Fusion im Netz. Ihre Aktien steigen dann natürlich. Alle denken: „Toll – kauf ich auch", und dann kommt das böse Erwachen, wenn sich das Gerücht als falsch erweist. Die Aktie fällt ins Bodenlose. Der anonyme Trickser hat natürlich schon längst mit dickem Gewinn wieder verkauft. Alle anderen ...

In Börsenmagazinen: für Leseratten

Börsenmagazine gibt es viele. Und leider gibt es auch riesengroße Qualitätsunterschiede. Wirtschaftsleute wie Bänker oder Anlageberater empfehlen „Finanzen" und „Börse online". Börse online erscheint einmal die Woche und bietet qualitativ sehr gute Analysen und Informationen. Auch „Focus money" und „Aktienanalyse" gelten als nützlich.

Die Magazine haben meist einen ausführlichen Kursteil. Sie besprechen aber auch Trends im Ausland oder durchleuchten mal eine ganze Branche. Und sie geben auch Empfehlungen ab. Es werden so genannte Musterdepots vorgestellt – sowohl für den risikofreudigen als auch den sicherheitsbewussten Anleger. Diese Empfehlungen sind natürlich nur so gut wie der Redakteur, der sie gibt. Also auf keinen Fall einem Rat blind folgen, sondern immer noch zusätzlich recherchieren und sich auf jeden Fall eine eigene Meinung bilden.

Noch was: Da auf dem hart umkämpften Zeitschriftenmarkt ein starker Titel die Käufer anzieht, werden Titelthemen immer danach ausgesucht, was das Heft gut verkauft. Und das ist nicht immer unbedingt das, was wirklich wichtig ist auf dem Börsenparkett. Aber man kann sich ja ruhig ein bisschen unbeliebt machen beim Kioskbesitzer und mal reinblättern in die Zeitschrift und schauen, was im Inhaltsverzeichnis so steht.

In Tageszeitungen: So fängt der Tag gut an

Führend ist hier eindeutig das Handelsblatt, die Pflichtlektüre für den Aktionär (im Internet: www.handelsblatt.com). Allerdings ist das auch nicht ganz billig (20 börsentägliche Ausgaben über vier Wochen kosten über 30 Euro). Neu am Markt, auch ziemlich gut und ein bisschen günstiger ist die Financial Times Deutschland (www.ftd.de). Morgens zum Kaffee mal schnell den Kursteil überfliegen und mit den Wirtschaftsnachrichten abgleichen – und schon ist man ein gutes Börsenstück schlauer.

Die „Frankfurter Allgemeine", die „Süddeutsche" oder „Die Welt" sind gute Alternativen für Leute, die keine Lust auf eine reine Wirtschaftszeitung haben. Und eine gute Tageszeitung hat ja auch noch keinem geschadet. Hier bekommt man überall und tagesaktuell seriöse und ordentliche Informationen. Einen klitzekleinen Haken haben die Blätter leider: Die Aktienkurse sind immer nur die vom Vortag. Ist ja klar, weil die Zeitung ja auch am Vortag gemacht wird. Am schlauesten ist eine Kombination aus Tageszeitung – fürs Hintergrundwissen – und Internet oder n-tv – fürs Aktuelle.

Basic Tipp

Im Internet gibt es viele Treffpunkte, wo man sich ungeniert mit anderen Aktien-Einsteigern austauschen kann. Fast alle Magazine, vom Wirtschaftsblatt bis zur Frauenzeitschrift, bieten ihren Online-Lesern diesen zusätzlichen Informations-Service an. Hier finden sich Gleichgesinnte, etwa auch zur Gründung eines Aktien-Clubs. Man legt sein Geld zusammen und teilt Rendite und Risiko.

Der Analyst

„Das ist 'ne Aktie, die ist wirklich gut drauf. Die hier nicht so. Und die nur so mittel. Und diese da mag ich gar nicht. Was will die denn überhaupt hier?“
Diese Fragen zu beantworten, ist der Job des Analysten. Den ganzen Tag lang. Wir wissen das, denn wir haben einen besucht.

Analysten – das sind die Menschen, die tagein tagaus Firmen bewerten. Sie arbeiten für Banken, für spezielle Analystenhäuser oder selbstständig. Ihre Rolle im Börsenspiel: Sie nehmen die schon börsennotierten Companies genau unter die Lupe oder solche, die an die Börse wollen.

Die wesentliche Grundlage für ihre Analyse sind, neben Kursentwicklung und Firmen-News, die Quartalszahlen (vierteljährlich erstellte Bilanzen) einer Firma. Die ackern sie für ihre Bewertung fleißig durch. Wenn sie sich ein Urteil gebildet haben, sagen sie denen, die weniger nah dran sind, welche Entwicklungen sie erwarten. Damit können sie das Kursschicksal einer Aktie ganz wesentlich steuern. Und sie nehmen stark darauf Einfluss, ob eine Firma überhaupt an die Börse gehen kann.

Die wichtigsten Kunden der Analysten sind die Fonds-Manager. Denen empfehlen sie zum Beispiel, eine bestimmte Aktie in den Fonds mit aufzunehmen oder nicht. Wir sehen: Der Analyst hat eine große Verantwortung.

Jedem seine Branche

Um eine fundierte Einschätzung abgeben zu können, muss sich so ein Analyst in der Branche der Firma, die er bewertet, natürlich bestens auskennen. Deshalb sind Analysten auch immer spezialisiert. Der eine macht Pharma, der andere Maschinenbau, der nächste Internet. So kann er dann auch gut beurteilen, ob der neue Geschäftszweig einer Firma sinnvoll und profitabel sein wird oder eher nicht. Oft sitzen bei der Bewertung auch Branchenspezialisten wie Chemiker oder Software-Entwickler oder Maschinenbauer mit am Tisch, je nachdem. Die müssen nicht unbedingt was von Aktien verstehen, aber dafür haben sie wichtiges Fach-Know-how. Ihre Meinung über das, was die Firma tut oder vorhat, ist gefragt. Zusammen mit den nackten Zahlen kann der Analyst dann seine Bewertung schreiben.

Damit's da keine Manipulationen gibt, werden Analysten sehr genau unter die Lupe genommen. Es könnte ja einer eine Aktie nur deshalb gut bewerten, weil er sie selber in seinem Depot hat. Aber das läuft nicht. Die privaten Aktiendepots von Analysten werden regelmäßig kontrolliert – ohne Ausnahme.
Deshalb wird ein guter Analyst niemals die Aktien im Depot haben, die er auch bewertet. Und auch nicht die Menschen, die ihm am nächsten stehen, wie seine Frau oder sein Bruder oder seine Freunde. Damit ja kein falscher Verdacht aufkommt. Klar, wenn er sie schon zwei Jahre vorher gekauft hat, dann macht das nichts.

Das lässt sich aber alles nachprüfen. Das sieht nämlich das deutsche Wertpapierhandelsgesetz vor. Eines der größten in Deutschland tätigen Analystenhäuser verlangt deshalb auch von seinen Mitarbeitern, dass sie ihre Aktiendepots und Konten im Haus des Arbeitgebers halten. Diese werden von den so genannten „Compliance Officers“ laufend kontrolliert. Sie fertigen auch die „restricted papers list“ an, die die Namen der vom Haus gehandelten oder empfohlenen Papiere enthält. Und die sind absolut tabu für die Mitarbeiter.

Wer analysiert den Analysten?

Auch Analysten stehen unter Erfolgsdruck. Ihre Empfehlungen müssen sich als richtig erweisen, sonst sind sie schnell raus aus dem Geschäft. Für Analystenhäuser gibt es noch eine Erfolgskontrolle: Einmal im Jahr werden sie vom „manager magazin“ auf ihre Qualität geprüft. Es ist also nicht so, dass die machen können, was sie wollen ...

Wie analysiert ein Analyst?

Wie sieht die Arbeit der Analysten genau aus? Um das herauszufinden, treffen wir uns mit Direktor Werner Braun, einem der Analysten der Reuschel-Bank. Die Lobby des Bankgebäudes unterstreicht, worauf es ankommen soll im Geschäft: Türen aus schwerem Holz, dicke Teppiche, edle Leuchter vermitteln den Eindruck von Seriosität und Gediegenheit.
Da kommt Herr Braun, begrüßt uns ruhig und konzentriert.
Was weiß er, was andere nicht wissen? Unsere Erwartung, da müsse es so etwas wie geheime Informationen geben, ist falsch, sagt er. „Praktisch alle Informationen, die wir über eine Firma bekommen, sind öffentlich und vor allem auch öffentlich zugänglich," erklärt der Analyst. „Die Firmen haben als Aktiengesellschaften die Pflicht zur Information. Sie müssen sich offenbaren. Und zwar nicht nur dem Analysten."

Einen Vorsprung haben diese Profis aber doch gegenüber dem Kleinanleger. Und das ist der Zeitfaktor. „Oft wissen wir es schon einen Tag früher, wenn wichtige Veränderungen bei einer Firma anstehen. Der Kleinanleger erfährt es meistens erst aus der Presse." Und dann haben die Kurse möglicherweise schon reagiert. Wer es allerdings schafft, über das Internet an den Entwicklungen dranzubleiben, kann auch da besser mithalten. Aber es gibt noch einen Unterschied, sagt Herr Braun: „Wir kriegen unsere Informationen natürlich auch durch den persönlichen Kontakt mit den Firmen. Den hat halt nicht jeder. Aber geheim ist da nichts dran."

Nehmen wir mal an, der Analyst weiß nun alles, was er wissen muss. Hat alle Fakten geprüft, die Antworten durchdacht. Wie entscheidet er dann? „Im Geldgeschäft sind es letztlich immer die Zahlen, die den Ausschlag geben. Auf die Bilanz, auf die Quartalszahlen eines Unternehmens kommt es an."

Und da die öffentlich sind, kann hier auch der Kleinanleger Einblick nehmen. Also ich. Er muss halt auch nur gut rechnen können. Na, das kann ich doch!

Ich bin auch Analyst!

„Die Firma macht 'nen guten Eindruck. Aber hast du gesehen, was der Chef für Socken trägt? Und dann der Gummibaum im Empfang. Das ist doch von gestern. Und der Finanzmann trägt 'n Kassengestell auf der Nase. Ist das jetzt schlechter Geschmack oder einfach nur sparsam?"

Klar, der persönliche Eindruck, den man von einem Unternehmen hat, ist wichtig. Aber – vielleicht ist das doch noch nicht der treffsicherste Ansatz, die Börsenchancen einer Firma zu bewerten. Ein Analyst hat natürlich tausendundeine Möglichkeiten, an Infos zu kommen, die für die Einschätzung wichtig sind. Er wird von den Unternehmen richtig zugeschüttet mit News. Da kann Otto Normalanleger nicht mithalten. Aber so ganz auf verlorenem Posten steht man nun auch wieder nicht. Man muss nur wissen, worauf man achten und welche Fragen man stellen muss. Und das sind mindestens 15.

Die Sweet-Fifteen zur Bewertung

Die 15 Basics nennt man im Börsenjargon etwas langweiliger formuliert auch „Fundamentalanalyse". Hier geht's allerdings nicht um streng gehütete Betriebsgeheimnisse, sondern um Zahlen, Daten, Fakten. Viele Dinge kann man klären, indem man sich die Infos beschafft, wie es in diesem Info-Kapitel ab Seite 44 beschrieben ist. Man kann aber auch einfach mal bei der Firma anrufen, für deren Aktien man sich interessiert. Man kann ruhig sagen, dass man sich überlegt, Aktien zu kaufen, und fragen, wer einem mit Informationen zur Firma weiterhelfen kann. Oder ob sie einen Geschäftsbericht verschicken. Dann merkt man schon mal, ob die engagiert sind oder nicht. Und das müssen sie sein. Denn wer sich um einen potenziellen Aktionär nicht kümmert, der hat grundsätzlich die falsche Haltung, auch den Kunden gegenüber. Und so was schlägt vielleicht mal auf die Bilanz durch. Und damit auch auf den Aktienkurs.

Produkte

Welche Produkte stellt das Unternehmen her? Oder welche Dienstleistungen bietet es an?
Kann man ganz einfach rausfinden, indem man bei der Pressestelle der Firma anruft und einen Firmenprospekt anfordert.

Verkaufserfolg

Wie verkaufen sich die Produkte bzw. Dienstleistungen zur Zeit?
Steht im Wirtschaftsteil der Zeitung.

Zukunftsträchtig

Wie sind die Zukunftschancen der Produkte?
Schwer zu beurteilen? Muss nicht sein. Hat auch viel mit der eigenen Lebenserfahrung zu tun. Hier mal ein Beispiel: Viele Menschen haben unzweifelhaft Probleme mit ihrem PC. Dieses geht nicht, jenes stürzt mal wieder ab – und niemand weit und breit, der tatkräftig helfen kann, außer teure Telefon-Hotlines, die aber den armen Anwender auch nur not-

dürftig fernsteuern können. Wie könnten da – mal ganz grundsätzlich – die Chancen einer Firma aussehen, die einen Instant-Reparier-Service anbietet? Weltweit? Rund um die Uhr? Und kostengünstig, weil dabei Fachleute durch eine neue spezielle Software direkt auf unseren Rechner zugeifen und da auch alles direkt selbst in Ordnung bringen können? Na? Klingt doch nicht schlecht, oder? Diese Newcomer AG gibt es (der Name wird hier aber nicht verraten – direkte Tipps gibt's hier nicht), und sie will bald auf dem Börsenparkett mittanzen. Also ich – ich würde mir von denen vielleicht Aktien kaufen.

Konkurrenz

Wer und wie stark ist die Konkurrenz?
⇢ Wirtschaftsteil.

Preise

Sind in Zukunft auch Preiserhöhungen möglich?
Ruhig anrufen und fragen. Man kann sich ja auch als Kunde oder Interessent ausgeben – stimmt ja auch, in gewissem Sinne.

Management

Wie arbeitet es? Ist es kompetent, innovativ und seriös?
⇢ Wirtschaftsteil.

Umsatz und Gewinn

Wie haben sich die beiden entwickelt?
Vorsicht: Viel Umsatz heißt nicht unbedingt auch viel Gewinn. Umsatz umfasst nur Einnahmen, Gewinn ist, was abzüglich der Ausgaben übrig bleibt. Bei der Pressestelle anrufen und Geschäftsbericht bestellen.

Auslastung

Sind die Kapazitäten der Firma ausgelastet?
Arbeitet sie effizient und produktiv? Hat sie Lieferschwierigkeiten? Oder hat sie zum Beispiel eine total aufgeblähte Verwaltung?
⇢ Wirtschaftsteil und eigene Erfahrung

Bares

Über wieviel Bargeld verfügt die Firma?
⇢ Geschäftsbericht.

Fehler

Sind in den letzten Jahren strategische Fehler gemacht worden?
Hat die Firma daraus gelernt und Konsequenzen gezogen?
⇢ Wirtschaftsteil.

Finanzen

Steht die Firma finanziell gut da?
⇢ Geschäftsbericht.

Schulden

Gibt es welche? Wenn ja, wie hoch sind sie?
⇢ Geschäftsbericht.

Eigenkapital

Wie hoch ist das Eigenkapital der Firma?
⇢ Geschäftsbericht.

Dividende

Wie oft und wie viel wurde ausgezahlt?
⇢ Geschäftsbericht, Wirtschaftsteil, Kurstabellen.

Aufträge

Hat die Firma Aufträge?
Wird die Auftragslage in Zukunft genauso sein oder besser oder schlechter?
⇢ Wirtschaftsteil.

Was kaufen?

Klamotten einkaufen macht Spaß. Essen einkaufen auch. Und den Flug nach Bali zu kaufen ist der Hit. O.K., Spülmittel einzukaufen ist nicht so prickelnd.

Und Aktien kaufen. Das ist auch nicht anders. „Von denen bitte 50 und dann von diesen noch 200. Oder nein, lieber 300. Ach ja, und dann noch für 500 von denen dahinten“.

Es gibt so viele verschiedene Aktienarten – da wäre es doch gelacht, wenn man nicht was findet, das zum eigenen Leben passt.

Also sprach der Börsianer

Noch mehr Weisheiten, Redensarten und andere Schlaumeiersprüche aus der Welt der Börse:

„Kaufen, wenn die Kanonen donnern!“

Ein wirklich zynischer Spruch. Denn er kommt noch aus einer Zeit, in der die Börsenkurse immer dann besonders gefallen sind, wenn ein Krieg vor der Tür stand. Und er gibt die Empfehlung, diesen Zeitpunkt für eine billige Aktien-Einkaufstour zu nutzen. Also eigentlich eine Kriegsgewinnler-Maxime. Was davon übriggeblieben ist, ist der Gedanke, Aktien dann zu kaufen, wenn die Kurse ganz unten sind und dann gemütlich abzuwarten, bis sie sich wieder erholt haben. Das kann, wenns schlecht läuft, zwar ein paar Jahre dauern, aber wenn's gut läuft, schon eine Woche später wieder der Fall sein. Was die Redensart betrifft, sollte man über eine etwas neutralere, weniger militaristische Aussage nachdenken, wie zum Beispiel: „Kaufen, wenn alle Kurse im Keller sind!“ Denn die Redensart „Kaufen, wenn die Kanonen donnern!“ ist einfach keine Art!

Die Weisheiten der Profis

„Ich habe mich bei meinen Prognosen 49 mal geirrt und 51 mal Recht gehabt. Die Differenz hat gereicht, um mich zum Millionär zu machen.“

André Kostolany, Börsenspezialist

Basic Hotline

Basic Aktionäre fragen – Aktien Basics antwortet

Ich möchte mir eine Aktie kaufen. Geht das?
Ich meine – nur eine?

Berti, einmalig lieb

Das lohnt sich eigentlich nicht. Weil die Depot- und Ankaufgebühren wahrscheinlich jeden Gewinn total verschlingen würden. Aber prinzipiell würde es natürlich schon gehen. Erlaubt ist, was gefällt. Es gibt viele Mini-Aktionäre, die von verschiedenen Firmen nur wenige Aktien halten. Und damit haben sie auch das Recht, auf die Hauptversammlungen zu gehen. Das darf man nämlich, sobald man auch nur eine Aktie der Firma besitzt (→ Seite 37 und 122). Aber wenn's ums Geld geht, sollte man am besten von einer Firma, an die man glaubt, ein paar Aktien mehr kaufen und andere ignorieren, liebste Berti.

Ist „i.K“ ok?

Aktien kaufen von Firmen, die im Konkurs sind? Das gibts doch gar nicht! Eben doch! Das sind die, bei denen in der Kurstabelle „i.K.“ daneben steht. Die Aktien dieser Firmen werden weiter gehandelt, obwohl die Firma pleite ist und obwohl das auch jeder weiß. Das ist so, weil es häufig vorkommt, dass dann doch noch irgendein Retter kommt, der bei dieser Firma noch einsteigt oder sie übernimmt. Und dann kann der endgültige Konkurs doch noch verhindert werden. Aber wer von uns weiß das schon, ob so ein Retter naht? Und wenn nicht, heißt das Totalverlust. Also, nicht verführen lassen von den extrem günstigen Kursen eines Konkursanwärters.

Wie machen's die anderen?

Wer, wie, was, warum? Wir wollen's wissen. Von Katrin, 21, Bankkauffrau.

Katrin ist Jung-Aktionärin. Aber sie hat durch ihren Job als Bankkauffrau ohnehin schon Interesse für das Thema. Studentin der Betriebswirtschaft ist sie außerdem. Da ist es klar, dass sie es völlig normal findet, auch an Aktien zu denken, wenn sie ihr Geld anlegt. Von Berührungsängsten keine Spur. Zu der Zeit, als sie im Beruf anfing und ihr erstes eigenes Geld investierte, waren Aktien schon lange keine Exoten mehr oder eine Anlageform für wenige Eingeweihte, sondern gehörten zum Standard.

Seit wann investierst Du in Aktien/Fonds?
Seit 1996.

Wie und warum bist Du zu dieser Anlageform gekommen?
Über meine Ausbildung zur Bankkauffrau. Da hab ich alles über Aktien gelernt und wollte es dann selber mal ausprobieren.

Welche Aktien/Fonds hast Du?
Aktien: Lufthansa, Südzucker, Mobilcom, Pro Sieben. Fonds: Einen mit lauter Medienwerten, einen mit Industriewerten und einen mit gemischten europäischen Werten.

Nach welchen Kriterien hast Du die jeweils ausgesucht?
Ich wollte von allem ein bisschen was haben und irgendwann war dann das Geld zu Ende. Aber bald hab ich wieder genug, um Aktiennachschub zu kaufen.

Welche Strategie und Zielsetzung verfolgst Du mit Deiner Anlage?
Grundsätzlich natürlich Gewinne maximieren. Aber eine konkrete langfristige Planung habe ich da eigentlich nicht. Mal sehen, was kommt.

Wer verwaltet Dein Depot? Wer entscheidet über neue Investitionen oder über Umschichtungen?
Meine Depots hab ich bei der Dresdner Bank und der Sparkasse. Aber ich selbst (und der Kurs natürlich) entscheide darüber, welche Veränderungen ich vornehmen möchte.

Wie und in welcher Intensität informierst Du Dich über die Entwicklung Deines Depots?
Übers Internet, auf n-tv und dann noch in der Wirtschaftswoche. Und das natürlich regelmäßig, fast jeden zweiten Tag. Klar, das interessiert mich ja schließlich, was aus meinem Geld wird.

Was ist bei Dir gefühlsmäßig so passiert, seit Du Dich mit Aktien befasst?
Ich sehe das fast eher als Fortbildung für meinen Beruf. Also gar nicht so besonders emotional.
Ich versuche, das wirtschaftliche Verhalten von Firmen und Kursen nachzuvollziehen und zu verstehen. Ich setze auf meine Banklehre gerade noch ein BWL-Studium drauf und weil ich denke, dass der Aktienmarkt in Zukunft immer wichtiger wird, wird es da auch viele Jobs geben. Darauf will ich mich vorbereiten.

Ich würde gerne jede Woche eine andere Aktie ausprobieren. Auch mal Exoten wie Vorzugsaktien oder Namensaktien. Oder mich mal an Optionsscheinen versuchen.

Und dann sehen, ob das einen anderen Umgang mit der Sache erfordert. Oder mit Optionsscheinen auch mich selbst herausfordern. Ich bin jung, ich bin eine Frau, ich will diesen ganzen Börsenheinis zeigen, dass ich fit bin. Und wahrscheinlich werde ich irgendwann mal besser sein als die alle zusammen.

Welche Aktie passt zu mir?

Was haben

Da gibt es Aktien, die kosten weniger und werfen mehr Dividende ab.

Ich glaub', die passen zu mir. Ich krieg' lieber mehr Geld. Dafür misch' ich mich nicht ein in das, was die tun.

Auf Aktionärsversammlungen gehen und dann auch noch mitreden - das reizt mich überhaupt nicht.

Wer Aktionär ist, will einfach nur Profit. Sonst wäre er Betriebsrat geworden.

Ich will an der Firma was verdienen. Und nicht mitmischen. Außerdem: Wer hält schon so viele Aktien an einer Firma, dass er bei Abstimmungen was bewegen kann? Ich bestimmt nicht.

Von deren Business versteh' ich auch nicht genug. Wär' ja wohl anmaßend, wenn ich da mit meinem Laienverstand auftrete.

Und von denen wär's blöd, drauf zu hören.

Was sagen

Wenn ich mein Geld irgendwo reinstecke, dann will ich auch meine Meinung sagen dürfen.

Ich bin ja als Aktionär schließlich an dem Unternehmen beteiligt.

Mitunternehmer also.

Wenn ich nicht mitdenken würde, hätte ich gar nicht erst angefangen mit den Aktien.

Dass ich mitreden darf auf der Aktionärsversammlung, ist mir durchaus ein paar Mark wert.

Man kann doch nicht sagen:
„Augen zu und durch.“
Wer weiß, was die Firma so plant.
Wenn mir das nicht passt, dann sag’ ich das.

Ich weiß, was für mich und meine Aktien gut ist. Wenn ich mich aber ’mal nicht auskenne, dann muss ich mich ja auch nicht einmischen.

Stammaktie und Vorzugsaktie

Klassiker bevorzugt

Aktie ist nicht gleich Aktie. Überhaupt nicht! Manche sind relativ sicher, manche sind ganz schön riskant. Bei manchen hat man mit seiner Aktie eine Stimme, mit der man Einfluss auf die Firmenentscheidungen nehmen kann. Bei anderen gar nicht. Was es da so alles gibt und welcher Topf zu welchem Deckel passt, steht auf den folgenden Seiten.

„Ich hätte gern einen möglichst hohen Kursgewinn. Und eine super Dividende. Und dass die Firma auf die Umwelt achtet. Und zu Managementfehlern will ich auch was sagen dürfen. Ich will eben einfach alles. Geht das?“

Nein! Jedenfalls nicht alles gleichzeitig.

Stammaktie

Die meisten Leute haben Stammaktien. Das ist sozusagen der Klassiker unter den Aktien. Und wer die hat, dem stehen auch bestimmte Rechte zu. Die kann man im Aktiengesetz nachlesen (dazu mehr auf Seite 122/123), und das gibt's ganz preiswert als Taschenbuch – für alle, die gerne gründlich Bescheid wissen wollen. Die Firma muss sich in jedem Fall ans Gesetzbuch halten und kann nicht einfach machen, was sie will. Falls sie Dividenden ausschüttet, hat der Aktionär auch ein Recht, sie aufs Konto zu kriegen. Und er hat als Stammaktien-Besitzer noch ein wichtiges Recht: Er kann zur Hauptversammlung kommen und dort mit den anderen Aktionären abstimmen oder seine Meinung sagen. Und das kann er, ob er nur eine Aktie hat oder 100 000.

Jede Aktie ist ein Stimmrechtsanteil. Jetzt könnte man ja sagen „Was soll's. Meine paar Aktien fallen doch sowieso nicht ins Gewicht.“ Das kann schon sein. Es ist schon so, dass die Aktienmehrheiten meistens gebündelt in einer Hand sind. Und leider selten in der eigenen.

Aber viele Kleine können auch die Großen manchmal das Fürchten lehren. Ganz ohne Macht ist auch der einzelne Kleinaktionär nicht. Denn er kann eines auf jeden Fall: Stimmung machen. Wenn also etwas zur Abstimmung ansteht, könnte er sich vorher Verbündete suchen und andere Aktionäre auf seine Seite ziehen. Und dann kann er das Wort ergreifen – auf der Hauptversammlung.

Denn er hat das Recht, aufs Podium zu gehen. Und da darf er sagen, was er für richtig hält. Er darf den Vorstand loben oder auf ihn schimpfen. Er kann seine Sicht der Dinge zum gelaufenen Geschäftsjahr kundtun oder Themen ansprechen, die für die Zukunft wichtig sind. Er kann die definierten Unternehmensziele in Frage stellen oder Modelle vortragen, die seiner Meinung nach sinnvoller wären. Ob man sich das traut, ist eine andere Frage – aber man darf es, wenn man will.

Und wenn es so richtig hoch hergeht auf der Hauptversammlung einer wichtigen bekannten Firma, dann findet plötzlich vielleicht ein Going Public der ganz anderen Art statt – dann steht das nämlich manchmal sogar in der Zeitung. Und damit bekommt die Stimme eines kleinen Anlegers natürlich plötzlich doch ganz schön viel Gewicht. Weil sie plötzlich öffentlich wird und von Millionen Lesern wahrgenommen und reflektiert wird. Ja, so kann man die Macht der Presse nutzen. Wenn die Wirtschaftskorrespondenten oder sogar die lokalen Tageszeitungen über eine für die Firma schwierige Hauptversammlung berichten, über Kritik am Vorstand oder an der Geschäftspolitik, dann macht das andere potenzielle Aktionäre natürlich nachdenklich. Aber Nachdenken ist ja immer gut.

Basic Tipp

Experten haben mal ausgerechnet, ob sich in einem definierten Zeitraum eher Vorzugsaktien oder eher Stammaktien lohnen. Dabei wurden die Dividenden, die Kursgewinne, aber auch die Steuern mit berücksichtigt.

Das Ergebnis: Stammaktien lagen vorne mit 14,35 Prozent gegenüber den Vorzugsaktien mit nur 13,83 Prozent Rendite. Also lieber in Stammaktien investieren und kräftig mitmischen!

Vorzugsaktie

Vorzugsaktien haben, wie der Name schon sagt, gewisse Vorzüge. Aber damit wird ein ganz gewaltiger Nachteil ausgeglichen: Man darf auf der Hauptversammlung nicht mitstimmen. Man darf zwar hingehen, sich mit anhören, was die anderen so zu sagen haben. Man kann sich dort auch informieren über die Zukunftsabsichten der Firma. Aber man darf sich nicht aufs Podium stellen und seine Meinung oder Kritik an den Mann bringen.

Die „Vorzüge", wie sie kurz von Börsianern genannt werden, sind dafür oft preiswerter als die „Stämme". Und da gibt es noch dazu, sozusagen als Trostpflaster fürs fehlende Stimmrecht, eine erhöhte Dividendenausschüttung. Wenn die Firma das in einem Jahr mal nicht hinkriegt, dann hat der Vorzugsaktionär ein garantiertes Recht auf Nachzahlung – später, wenn die Gewinne wieder sprudeln.

Wurde die Dividende zwei Jahre lang am Stück nicht gezahlt, dann darf der Aktionär im dritten Jahr auf der Hauptversammlung mitstimmen. Da er keinen Vorzug mehr hat, kann auch das Abstimmverbot nicht mehr gelten. Dieses so erworbene Stimmrecht verfällt allerdings sofort wieder, sobald die noch ausstehende Gewinnbeteiligung auf dem Konto des Anlegers eingegangen ist.

Warum aber geben Firmen, die an die Börse gehen, überhaupt Vorzugsaktien aus? Zum Beispiel, weil der bisherige Eigentümer verhindern will, von den Aktionären aus dem Vorstand gewählt zu werden. Er gibt deshalb nur die Hälfte aller Aktien als Stammaktien aus und behält diese in seinem Privatbesitz. Die Papiere, die er in Umlauf bringt, gibt er nur als Vorzugsaktie raus. Damit ist er erst einmal abgesichert.

In Zeiten der Fusionen und Unternehmensübernahmen sind die „Vorzüge" aber nicht so empfehlenswert. Bei Übernahmen geht es immer um Macht. Gerade bei solchen, die man „unfreundliche Übernahmen" nennt. Denn da hat die Firma, die von der anderen gekauft werden soll, meistens was dagegen. Und die andere will sich die Aktienmehrheit aneignen (oder hat es schon getan), um die Kontrolle und die Macht über die andere Firma zu bekommen. Zu welch unglaublichem Börsen-Krimi das führen kann, haben wir alle erlebt, als die britische Vodafone den Mannesmann-Konzern übernehmen wollte. Hier wurde wochenlang um die Stimmen der Mannesmann-Aktionäre gebuhlt. In riesigen Tageszeitungsanzeigen erzählte an einem Tag der eine und am nächsten Tag der andere, warum der Mannesmann-Aktionär sich für oder gegen die Übernahme entscheiden sollte. Vodafone bot den Aktionären mehr Geld an für ihre Aktien, als sie wert waren. Nur um sie in die Finger zu bekommen – und damit die Mehrheit. Hier hatte also der Aktionär die Macht voll auf seiner Seite und konnte die Entwicklung steuern. Und solche Macht ist nur durch die stimmberechtigten Stammaktien zu bekommen. Übrigens: Mannesmann ist von Vodafone übernommen worden – die Mannesmann-Aktionäre hatten sich überzeugen lassen.

Nicht mitreden können – ob das ein Vorzug ist ...

Die Börse weiß das natürlich. Und deswegen kommt es oft vor, dass die Stammaktien einer Firma gerade einen super Highfly haben, während sich für die Vorzugsaktien der selben Firma kein Mensch weiter interessiert und deren Kurs weiter vor sich hindümpelt – ganz unbeeindruckt vom Highfly der Stammaktie. Tja, und spätestens jetzt wünscht man sich dann doch ganz highflymäßig die eine oder andere Stammaktie ins Depot.

Namens- und Belegschafts-Aktie

Und dann noch diese und jene Aktie ..

Die einen sind ganz selten und stehen hier nur der Vollständigkeit halber mit drin. Die anderen kommen immer mehr in Mode und könnten für den Basic-Aktionär mal ganz schön wichtig werden.

Namensaktie

Das sind die, die nicht so wichtig für uns sind. Weil sie kaum in Umlauf sind. Auf einer Namensaktie ist der Name des Eigentümers eingetragen, und im Aktienbuch der Firma stehen sogar noch zusätzlich Adresse und Beruf. Die Rechte des Eigentümers von Namensaktien sind genau die gleichen wie die des Stammaktionärs, werden also ebenfalls im deutschen Aktiengesetz geregelt. Eine Firma gibt Namensaktien heraus, weil sie wissen will, wer genau die Aktien hält. Da Namensaktien also personalisiert sind, ist der kurzfristige und spontane Handel mit ihnen etwas komplizierter als mit den nicht-personalisierten Aktien. Man müsste ja auch noch zusätzlich dauernd das Aktienbuch der Firma umschreiben. Und weil die meisten natürlich überhaupt gar kein Interesse daran haben, den Handel mit ihren Aktien zu erschweren, gibt es Namensaktien nicht so häufig. Allerdings zeichnet sich neuerdings ein – wenn auch schwacher – Gegentrend ab. Immer mehr Firmen wollen gerne wissen, wer eigentlich die Investoren sind, und streben eine engere Beziehung an. Gelegentlich eben auch mit der Ausgabe von Namensaktien.

Vinkulierte Namensaktie

Bei den „vinkulierten“ Namensaktien geht es noch um einiges penibler zu. Denn bei denen müssen nicht nur Name, Adresse und Beruf des Aktien-Eigentümers eingetragen werden. Die Firma hat außerdem auch noch das Recht zu bestimmen, ob die Aktie an den Interessenten überhaupt verkauft werden darf. Die Eintragung ins Aktienbuch ist also sehr stark kontrolliert. Das ist zwar ziemlich umständlich, aber hat einen nachvollziehbaren Hintergrund. Die Firma will sich damit vor „feindlichen Übernahmen“ oder unerwünschten Aktionären schützen. Denn wenn jemand kommt und mit viel Geld so viele Aktien erwirbt, dass er über sein Stimmrecht ein echter Macht- und Mehrheitsfaktor ist, dann kann er mit der Firma theoretisch machen, was er will. Im Extremfall kann er sie sogar schließen, um eine lästige Konkurrenz auszuschalten. Das ist durchaus schon vorgekommen. Und vor solch unliebsamen Überraschungen sollen Namensaktien die Unternehmen schützen. Der Kauf und Verkauf von Namensaktien ist ziemlich kompliziert, und der von vinkulierten erst recht. Da an einer lebendigen und profitablen Börse aber vieles im Fluss sein muss, ist diese schwerfällige Anlageform nicht sehr verbreitet.

Belegschaftsaktie

Aktien, die von Firmen an ihre Mitarbeiter ausgegeben werden, nennt man Belegschaftsaktien. Es gibt sie zu speziellen, günstigeren Konditionen, und der Deal findet direkt zwischen Arbeitgeber und Arbeitnehmer statt. Die Börse ist dabei außen vor.

Die Belegschaftsaktie ist allerdings im Gegensatz zur Namens- oder Vorzugsaktie keine spezielle Aktiengattung und sieht auch nicht anders aus als die Stammaktien der Firma, die sonst in Umlauf sind. Sie heißt nur anders. Der Arbeitnehmer kann diese Aktie nicht gleich wieder verkaufen – er unterliegt da einer Sperrfrist. Die ist unterschiedlich lang. Manche Firmen setzen sie bei zwei Jahren an, regulär sind sechs Jahre, aber manchmal sind es auch zehn Jahre. Den Firmen geht es darum, Mitarbeiter an das Unternehmen zu binden, sie zu motivieren,

an die Firma zu glauben und nicht darum, sie zum Spekulieren zu verleiten. Wenn der Kurs der Aktie plötzlich kontinuierlich nach unten geht, darf der Arbeitnehmer meistens verkaufen. Aber da gibt es verschiedene Regelungen – je nach Firma.

Gerade am Neuen Markt beteiligen viele Firmen ihre Mitarbeiter auf diese Weise am Gewinn. So wollen sie sich deren Engagement sichern. Denn jemand, der Aktien der eigenen Firma hat, wird mit Ressourcen und auch seinem eigenen Einsatz ganz anders umgehen als jemand, der einfach nur sein Gehalt bekommt.

Ganz egal, ob der Kurs gerade einen Highfly hat oder nicht. Die Haltung der Firma gegenüber verändert sich: Als Belegschaftsaktionär ist man in die ge-samten komplexen Firmenstrukturen gedanklich mit eingebunden. Man sieht nicht mehr nur noch sich selbst, sondern vielleicht mehr den ganzen Kosmos eines Unternehmens. Und man will ihn auch begreifen. Solche mündigen Durchblicker-Mitarbeiter sind gut für jedes Unternehmen.

Es gibt wirklich etliche Fälle, gerade in Firmen vom Neuen Markt, bei denen so ein Belegschaftsaktien-Inhaber plötzlich innerhalb weniger Jahre ein reicher Mensch geworden ist. Die haben ausgesorgt für immer. Ab nach Florida oder die Bahamas. Nie mehr arbeiten. Und wie war das dann noch gleich mit der Mitarbeiterbindung?

Beteiligungsaktie

Es gibt gerade in Deutschland, dem Land der Tüftler und Erfinder, viele tolle Firmen, die keine Aktiengesellschaften sind, sondern ganz normale GmbHs. Weil das mit dem Börsengang ja schließlich eine ziemlich teure Angelegenheit ist. Und manchmal gehören mehrere solcher GmbHs zu einer Holding. Eine Holding ist auch eine Firma – aber sie hat keinen Firmenzweck außer dem, sich an vielen anderen Unternehmen zu beteiligen, egal ob zu zehn Prozent oder zu 100 Prozent. Es gibt auch Holdings, die sich von Anfang an als solche mit entsprechenden Unterfirmen gründen.
Die Holding selbst – nicht die Firmen, an der sie beteiligt ist – geht dann an die Börse. Wer Aktien einer Holding hat, ist also an vielen einzelnen Firmen beteiligt, die nicht unbedingt Aktiengesellschaften sein müssen. Viele der ganz großen Konzerne sind Holdings.
Es gibt auch welche, die ursprünglich mal als eine Firma mit einer Produktidee gestartet sind und sich im Laufe der Jahre Firmenanteile an anderen Companies dazugekauft haben und so zur Holding wurden.

Problematisch kann es sein, wenn eine Holding zu viele unterschiedliche Geschäftsfelder vereint. Denn da kann es Konzentrations- und Kompetenzprobleme geben. Welcher Mensch kennt sich schon sowohl mit Turnschuhen als auch mit Erdöl aus? Oder wie der Volksmund sagt – man kann nicht auf allen Hochzeiten tanzen.

Basic Tipp

Die Kommunikation nach außen funktioniert manchmal besser als die nach innen bei den Unternehmen. Oft wissen die eigenen Mitarbeiter nicht, dass sie auch von ihrer Firma Anteile in Form von Belegschaftsaktien kaufen können. Junge Companies bieten oft sogar schon beim Einstellungsgespräch an, einen Teil des Gehalts in Form von Belegschaftsaktien auszuzahlen. Also am besten nachfragen. Das wirkt nicht etwa aufdringlich, sondern macht einen guten Eindruck, weil man damit signalisiert, dass man interessiert und engagiert ist. Wenn die Belegschaftsaktien unabhängig vom Gehalt angeboten werden, dann sind sie bei guten Firmen immer ein gutes Geschäft. Wenn sie als Gehaltsersatz gelten, dann muss man sich gut überlegen, ob man auch für das niedrigere Gehalt arbeiten würde – für den Fall, dass die Aktien in den Keller gehen.

Fonds Dürfen's auch mehrere Stücke sein?

Eine Aktie ist wie ein Kuchenstück. Mit Sahne oder ohne, eins, das frisch gebacken am besten schmeckt, oder eins, das nach ein paar Tagen immer noch gut schmeckt. Ein Fonds ist wie eine ganze Kuchenplatte. Eine Auswahl von vielen verschiedenen Stücken. Die der Fondsmanager für mich einkauft. Und die hoffentlich alle lecker schmecken. Ein Fonds hat übrigens nichts, aber auch rein gar nichts mit Bratenfond zu tun. Der ist und bleibt ausschließlich Sache des Kochs.

Gut gemischt

In einem Fonds sind viele verschiedene Wertpapiere gebündelt. Für Anleger, die keine Lust oder Zeit oder Nerven haben, sich einzelne Aktien rauszusuchen, ist das eine ganz praktische Angelegenheit.

Aber da innerhalb eines Fonds natürlich die Kurse der einzelnen Aktien auch schwanken können, gibt es genau so wenig wie bei Einzelaktien DEN sicheren oder DEN besten Fonds. Der Vorteil ist allerdings: Es ist sehr unwahrscheinlich, dass sämtliche Aktien eines Fonds wegkippen. Wenn ein Papier einmal oder ein paar mal Rückschläge erleidet, dann wird das meistens durch andere Aktien innerhalb des Fonds wieder aufgefangen. Ein Fonds ist also wie jedes andere Aktiendepot auch. Nur wird es von einem professionellen Fondsmanager bei der Bank oder einer Fondsgesellschaft verwaltet – statt vom Privatanleger selbst.

Trotzdem sollte man natürlich – genau wie beim selbst zusammengestellten Depot – darauf achten, dass man einen Fonds auswählt, der die richtige Mischung enthält. Zum Beispiel ist ein Fonds mit international gemischten Aktien sinnvoll, die auch nicht alle aus der selben Branche sind. Das hält die Kursrisiken kleiner.

Bei spezialisierten Fonds, die zum Beispiel nur Informationstechnologie-Aktien enthalten, oder solchen, die nur Aktien aus Asien bündeln, ist das Risiko viel größer. Denn oft sind es ja ganze Branchen oder sogar Länder, die an der Börse ein Up oder ein Down erleben. Man kann aber auch einen Fonds nehmen, der sich auf eine zukunftsträchtige Branche spezialisiert hat, und einen weiteren, der mit großen soliden Firmen bestückt ist. Das ist genau das gleiche Spiel wie bei Einzelaktien. Ein bisschen mehr Risiko da – etwas mehr Sicherheit dort.

Günstig einsteigen

Wer erst mal nur mit weniger Geld einsteigen kann, für den ist so ein Fonds optimal. Denn obwohl hier mehrere Aktien drin sind, fällt die Kaufgebühr und -provison nur einmal an. In so einem Fonds sind so viele Aktien, dass man sich an den Gebühren arm bezahlen würde, wenn man all diese Papiere einzeln erwerben würde. Daran ist gar nicht zu denken. Für das Investment in einen Fonds braucht man nicht mehr als 1 500 Euro am Anfang. Aber in einen Fonds kann man einzahlen wie auf ein Sparbuch. Schon einhundert Euro monatlich sind ganz o.k. Man kann natürlich zwischendurch oder eben auch schon am Anfang eine größere Summe auf einmal einzahlen. Das muss man dann nur mit seinem Bankberater besprechen. Einen Fonds sollte man sowieso eher als kontinuierliches und langfristiges Anlagemodell sehen. Die spezielle Mischung aus Risiko und Rendite verhindert nämlich kurzfristige extreme Kursgewinne.

Der Fondsmanager

Welche Aktien in einen Fonds kommen, das entscheidet der Fondsmanager. Aus den Tausenden von Aktien, die es weltweit gibt, sucht er, oft in Zusammenarbeit mit Analysten, die Werte aus, die seiner Meinung nach am meisten versprechen.

Er hat also eine ziemlich große Verantwortung. Und ein Fonds ist deshalb eigentlich immer nur so gut wie sein Manager. Das wird nur gerne unter den Teppich gekehrt. Wenn man zum Beispiel zur Bank geht und nach einem Fonds fragt, wird einem der Eindruck vermittelt, als ob so ein Fonds eine feste, klar umrissene Institution sei. Dabei wird der Fonds immer wieder neu und anders bestückt, ist ständig in Veränderung. Und wohin er sich verändert, entscheidet einzig und allein der Fondsmanager. Der beschäftigt sich von morgens bis abends mit nichts anderem. Er beobachtet die Kurse, die Branchen, die volkswirtschaftlichen Entwicklungen. Eben alles, was wichtig ist und die Aktien, die er verwaltet, betrifft. Der Fondsmanager ist damit logischerweise die maßgebliche

Person für Erfolg oder Misserfolg des Fonds. Damit aber keine Verunsicherung bei Kunden auftritt, wenn ein solch hochkarätiger Experte mal kündigt, wollen Banken und Fondsgesellschaften verhindern, dass die Bindung und das Vertrauen ihrer Kunden an eine spezielle Person gebunden ist. Der Kunde fragt sich dann nämlich sofort, was denn jetzt weiter mit dem Fonds passiert und ob der Nachfolger genauso gut ist. Das ist wie in jeder anderen Branche auch. Wenn genau der Friseur kündigt, der als einziger die sieben Wirbel, die man am Kopf hat, in den Griff bekommen hat, dann empfindet man das als das Ende der Welt. Und man stellt auch gleich den ganzen Friseursalon in Frage. Warum sollte das also bei einem so hochspezialisierten Thema wie dem Aktienfondsmanagement anders sein.

Nur den und keinen anderen

Es ist schon vorgekommen, dass ein Fonds total in den Keller geknallt ist, als sein Manager den Job wechselte. Um hier für mehr Transparenz zu sorgen, testen Zeitschriften wie das „Manager Magazin", wie gut die Leute sind. Und da werden auch ganz konkret Namen von einzelnen Managern genannt, wo sie arbeiten und welche Fonds sie betreuen. Da kann man sich gut informieren und in aller Ruhe seine Wahl treffen. Denn man sollte seine Entscheidung für einen Fonds nicht nur von der Firma, die ihn anbietet – also der Bank oder Fondsgesellschaft – abhängig machen, sondern auch prüfen, welche Manager dort am Werk sind.

Fondsgesellschaften geben auch regelmäßig Broschüren aus, in denen die einzelnen Fonds samt der dafür zuständigen Leute dargestellt sind. Nach so einer Selbstdarstellung kann man entweder bei der Bank oder der Fondsgesellschaft direkt anfragen. Doch auch hier muss man daran denken – diese Broschüren sind Werbung. Sie werden also immer versuchen, die Realität etwas zu schönen. Aber wenn man sie abgleicht mit den Informationen, die man sich sonst noch angeeignet hat, sind sie eine fundierte und sehr sachbezogene Quelle. Nur in das Fachkauderwelsch muss man sich etwas einlesen.

Offene, geschlossene und thesaurierende Fond

Kein Fonds ist wie der andere

Was, wie, wo? Diese Fragen hat man bei Fonds genauso wie bei Aktien. Denn Fonds gibt es sogar noch mehr als Aktien. Allein in Deutschland gut 4 000. Es gibt offene, geschlossene und noch ganz andere ... Also leider keine Arbeitserleichterung in Sicht.

Der Zugang zu den Aktienfonds ist unterschiedlich geregelt. Da sind zunächst mal die offenen Fonds. In die kann jeder jederzeit einsteigen. Je mehr Investoren mitmachen, desto mehr kann der Fondsmanager anlegen. Wenn zum Beispiel in Werbeprospekten Fonds angepriesen werden, sind das meist offene Investmentfonds.
Geschlossene Fonds verkaufen nur eine bestimmte Anzahl von Anteilen. Häufig sind das Immobilienfonds. Wenn die Grenze erreicht ist, kann niemand mehr einsteigen.

Ich lass mich auszahlen

Wenn man sich für einen Fonds entschieden hat, dann legt man gleich ein Konto dafür an. Es ist nur für die Geschäfte mit dem Fonds bestimmt. Das heißt: Darauf kommt das Geld, das in den Fonds fließen soll und auf das die Erträge gehen. Man kann eine Einmalzahlung dorthin legen oder per Dauerauftrag von seinem Girokonto auf das Fonds-Anlagekonto jeden Monat einen gewissen Betrag überweisen. Aber es ist natürlich auch dann möglich, mal größere Summen dort einzuzahlen. Vielleicht wegen Erbtante oder Weihnachten. Dann sagt man einfach Bescheid, dass man jetzt eine Sondereinzahlung auf den Fonds leisten will.
An sein Geld kommt man genauso wie bei der Dividendenausschüttung von Aktien. Der Fonds-Anleger bekommt in regelmäßigen Abständen den erzielten Gewinn auf sein Anlagekonto überwiesen. Wenn man will, kann man dieses Geld natürlich auch gleich wieder im Fonds anlegen. Muss man aber nicht – und es wird auch nur gemacht, wenn man es ausdrücklich anordnet.
Wer eine größere Geldsumme in seinem Fonds liegen hat – ob es nun von Anfang an viel war oder im Laufe der Zeit angespart wurde – der macht am besten einen Auszahlplan. Damit legt man fest, dass in regelmäßigen Abständen eine bestimmte Summe aufs Girokonto fließen soll. Die wird dann durch den Verkauf einer Anzahl Aktien finanziert. Das ist völlig unabhängig von den Gewinnauszahlungen. Die kommen sowieso.

Thesaurierende Fonds

Wieder so ein unaussprechliches Wort. Aber es gibt tatsächlich Fonds, die so heißen. Thesaurierende Fonds. Dahinter stecken schlicht Fonds, bei denen die Gewinne nicht an den Anleger ausgezahlt, sondern automatisch direkt wieder im Fonds angelegt werden. Wenn man auf dieses kleine Zubrot verzichten kann und will, dann ist das Gute an einem th.......... Fonds, dass er so immer ein bisschen größer und größer wird, also einen Schatz bildet – denn nichts anderes ist ein Thesaurus. Ein Schatz, um den sich der Anleger nicht einmal kümmern muss.

Banken-Fonds

Jede Bank hat ihre Fonds. Und das ist auch schon gleich das Problem. Denn eigentlich sollte man hier alle kriegen können, die es gibt. Doch wenn man dann zu seiner Hausbank geht und ganz unbedarft nach einem Fonds fragt, dann wird sie einem immer nur die eigenen Produkte, sprich Fonds, empfehlen. Und ob die nun wirklich die besten sind??? Sie sind gut, das schon – zumindest die der großen etablierten Banken. Weil bei renommierten Bankhäusern natürlich auch fitte Fondsmanager arbeiten. Aber man sollte sich nicht mit dem ersten Besten zufrieden geben, sondern erst einmal rumstöbern, was der Markt sonst noch so zu bieten hat.

Die Bank wird allerdings so tun, als ob es gar keine Alternative gäbe. Das ist wie in jeder anderen Branche auch: Jede Firma, und nichts anderes ist die Bank, hat ihre eigenen Produkte. Da die Bank über das ganze Börsen- und Aktien-Know-how verfügt, kann sie selber Fonds anbieten und verwalten. Und an denen verdient sie viel mehr, als an den Fonds von anderen Firmen.
Hier gibt's aber neuerdings eine andere Tendenz: Auch die Banken richten so genannte Fondsshops (⇢ Seite 110) ein, bei denen man ein weit größeres Angebot bekommt.

Basic Tipp

inen Überblick und großen Pool on Infos bekommt man unter ww.bvi.de. Das ist der Bundeserband Deutscher Investmentesellschaften. Auf diesen eiten sind alle seriösen und ichtigen Fondsgesellschaften ufgelistet.

eitere Internet-Adressen in achen Fonds sind ondsweb.de, fondsonline.de, icropal.de (ist gut für ergleiche) und feri-trust.de checkt laufend die verschiedeen Fonds-Performances).

Vorsicht! Freier Vertrieb

Es gibt aber auch unabhängige Anlageberater, die verschiedene Fonds anbieten. Das Wort „unabhängig" bezieht sich allerdings nur darauf, dass sie nicht bei einer Bank oder bei einer Fondsgesellschaft angestellt sind. Bezüglich der Fonds, die sie im Gepäck haben, sind sie nicht unabhängig. Auch sie können natürlich nur das verkaufen, was sie haben. Und das sind nun mal nicht alle 4 000 Fonds, die allein hierzulande angeboten werden. Die Angebote der freien Anlageberater können aber durchaus in Ordnung sein. Inzwischen gibt es auch viele Versicherungsvertreter, die außer der obligatorischen Lebensversicherung auch Fonds anbieten. Tja, die Zeiten ändern sich.

Leider gibt es speziell bei diesen freien Anlageberatern auch ein paar schwarze Schafe. Oder sagen wir's doch gleich, wie es ist: Betrüger. Die suchen sich meinen Namen einfach aus dem Telefonbuch raus oder sie recherchieren, wer sich gerade selbstständig gemacht hat. Für diese Gruppe sind Anlagemodelle eine besonders wichtige Frage, da Selbstständige jetzt nicht mehr wie Angestellte automatisch in die staatliche Rentenkasse einzahlen, sondern sich das selber aussuchen können und müssen, womit sie ihren Lebensabend absichern. Und deshalb rufen dann Dutzende dieser freien Anlageberater bei einem an. Und wenn man sich nicht so gut auskennt, kann man schwer beurteilen, ob derjenige, der mit einem verhandelt, nur eine windige Briefkastenfirma ist oder ob er eine große Company im Rücken hat. Deshalb immer nach seinem beruflichen Hintergrund fragen.

Fondsgesellschaften

Fondsgesellschaften legen viele verschiedene Fonds auf und verwalten sie. Einen Fonds aufzulegen heißt, ihn ins Leben zu rufen. Wenn so eine Fondsgesellschaft zum Beispiel findet, dass sich der asiatische Markt gerade ziemlich gut macht, dann wird sie einen Fonds auflegen, in dem mehrere asiatische Aktien vertreten sind. Wenn sie im Biotechmarkt die Zukunft sieht, wird sie auch so einen Fonds auflegen.

Kostenvergleiche zwischen Banken und den einzelnen Gesellschaften sind schwer zu machen, weil alles so verschieden strukturiert ist.

Früher taten die Fondsgesellschaften das kostenlos. Heute verlangen auch sie Gebühren für die Verwahrung der Aktien. Am besten ruft man einfach mal bei mehreren an, die man für gut hält, und fordert dort Informationsmaterial und am besten gleich auch die Unterlagen für die konkrete Fondsanlage an. Wenn man sich entschieden hat, bei wem man in welchen Fonds investieren will, füllt man die Unterlagen aus, klärt das mit dem Geld und los geht's.

AS-, Dach- und Umbrella-Fonds

Gemischt, unterm Dach, mit Regenschirm

Wenn eine Aktie ein Kuchenstück ist – mit Sahne oder ohne – und ein Fonds wie eine ganze Kuchenplatte, dann ist ein gemischter Fonds so etwas Ähnliches wie ein Buffet aus Torten und Kuchen. Also ein Paket aus verschiedensten Anlageformen. Das macht Sinn, wenn man das Risiko von Kursverlusten kleiner halten will.

Gemischte Fonds sind noch mal was anderes als reine Aktienfonds. Da sind neben Aktien auch noch andere Wertpapier-Arten drin. Das können festverzinsliche Wertpapiere sein wie etwa Anleihen des Bundes, Anleihen von Banken, Firmen oder auch Kommunalobligationen, die von Städten ausgegeben werden. Auf die gibt es im Unterschied zu Aktien einen von vornherein festgelegten Zinssatz. Und damit relativieren sie das Risiko von Kursrückschlägen bei Aktien. Das ist, wie wenn ein Trapezkünstler mit Netz arbeitet.

Der Fondsmanager reagiert je nach Börsenlage: Stagnieren oder fallen die Aktienkurse, dann schichtet er innerhalb des Fonds auf die festverzinslichen Wertpapiere um, er kauft also mehr davon und verkauft die Aktien. Stehen die Aktienkurse gut oder ist auf jeden Fall ein Aufschwung zu erwarten, dann wird er den Schwerpunkt auf die Aktien verlagern.

Gemischte Fonds bieten auf jeden Fall schwächere Erträge als reine Aktienfonds, denn die festverzinslichen Papiere werden immer ein Hemmschuh sein. Eben weil feststeht, wie viel Prozent Zinsen es gibt. Dafür gibt's mehr Sicherheit. Wie immer muss sich der Anleger auch hier die Frage stellen, was ihm wichtiger ist: höhere Renditechancen plus höheres Risiko – oder Sicherheit, die eben nicht ganz umsonst ist.

Lieber vorsorgen als nachsehen

Es gibt Fonds, die einzig und allein für die Altersvorsorge da sind. Die nennt man in der Fachsprache AS-Fonds. AS steht für „Altersvorsorge-Sondervermögen". Hier hat der Gesetzgeber ein scharfes Auge drauf. Damit sollen die Anleger vor unliebsamen Überraschungen geschützt werden – etwa die, dass man sich auf ein gut gepolstertes Pensionärsdasein freut, das Vermögen aber leider von den Fondsbetreibern total verspekuliert worden ist. Um das zu verhindern, ist genau definiert, wie so ein AS-Fonds bestückt sein darf und wie nicht.

Der Aktienanteil darf nicht weniger als 21 Prozent und nicht mehr als 75 Prozent ausmachen. Dann sind da noch Immobilien mit drin. Deren Anteil ist auf höchstens 30 Prozent begrenzt. Auch für Anleihen in Ländern mit wackeliger Währung, die, wenn der Devisenkurs sinkt, das Risiko von Verlusten mit sich bringen, ist das Limit bei 30 Prozent gesetzt.

Mischen possible!

Auch Optionsscheine sind im AS-Fonds. Zu denen kommen wir zwar erst auf der nächsten Seite, aber so viel sei schon mal gesagt: Es gibt welche, die super-spekulativ sind, und andere, die als Absicherungsmaßnahme eingesetzt werden können. Im AS-Fonds dürfen nur die zweiten, die zur Absicherung, drin sein.

Wenn man in einen AS-Fonds geht, dann schreibt der Gesetzgeber auf jeden Fall vor, dass man einen Sparplan macht. Der Fonds muss mindestens 18 Jahre Laufzeit haben. Man kann aber auch vereinbaren, dass die Auszahlung bei Vollendung des 60. Lebensjahres erfolgt. Auf jeden Fall muss ein Auszahlplan gemacht werden – spätestens, wenn drei Viertel der vertraglich vereinbarten Laufzeit des Fonds um sind.

So ein AS-Fonds hat die gleichen Vor- und Nachteile wie ein gemischter Fonds. Er ist deutlich weniger ertragreich als ein Aktienfonds, bietet seinem Besitzer aber wesentlich mehr Sicherheit. Gut fährt man, wenn man kombiniert: Für die Rendite in einen Aktienfonds und gegen schlaflose Nächte in einen AS-Fonds gehen. Viele haben damit einfach ein besseres Gefühl, was ja auch was wert ist. Besser als der Sparstrumpf ist ein AS-Fonds in jedem Fall.

asic Tipp

enn man für sich selbst einen nlageplan macht, also festegt, wieviel Geld monatlich n den Fonds oder in andere nlageformen fließen kann, dann ollte man den Berater nach dem ogenannten Cost-Average-Effekt ragen. Hier werden – bei einer leichbleibend hohen monatichen Sparrate – bei höheren ktienkursen weniger und bei iedrigeren Aktienkursen mehr nteile für den Fonds erworben. angfristig gesehen hat man amit eine bessere Fondserformance, als wenn man immer eweils die gleiche Anzahl von nteilen kauft.

Alle unter einem Dach

In Dachfonds versammeln sich mehrere einzelne Fonds. Es ist also sozusagen ein Fonds-Fonds. Auch bei Dachfonds kann man zwischen mehr oder weniger risikoreichen Anlagearten auswählen. Banken splitten ihre Dachfonds meistens in drei Gruppen auf. Einen mit Risiko, einen mit mittel viel Risiko, und dann gibt's noch einen, der ziemlich sicher ist.

Grundsätzlich müssen in einem Dachfonds mindestens fünf verschiedene Einzelfonds sein. Sie sind eine Mischung aus deutschen und internationalen Aktienfonds, Rentenfonds, Branchenfonds und Immobilienfonds. Konkrete Anlageentscheidungen darüber, welche Fonds mit unter das Dach genommen werden, welche rausgeschmissen werden oder welche Aktien in den einzelnen Fonds bleiben, trifft dessen Manager. Als Anleger wird man dann regelmäßig darüber informiert, wie es um die momentane Vermögenssituation steht. Was Verwaltungs- und Depotkosten angeht, ist ein Dachfonds günstiger als einzelne Fonds oder auch Einzelaktien. Aber je vielschichtiger und komplexer so ein Fonds ist, desto unflexibler ist er natürlich auch, denn Umschichtungen, die die aktuelle Marktlage Gewinn bringend nutzen sollen, gestalten sich schwerfälliger.

Die mit Schirm haben Charme

Weil sie ursprünglich aus England kommen, heißen sie Umbrella-Fonds (umbrella = Schirm). Vom Prinzip her sind sie wie ein Dachfonds, aber auch irgendwie wieder ganz anders. In einem Umbrella-Fonds sind sowohl Aktienfonds als auch Geldmarkt- oder Rentenfonds gebündelt. Die Aktienfonds sind allerdings meistens Länderfonds. Also solche, in denen jeweils nur Aktien aus einem Land oder einer bestimmten Region sind.

Anders als beim Dachfonds entscheidet man hier selbst, auf welche der Unterfonds wieviel Geld verteilt sein soll. Wenn man den Eindruck hat, dass ein Land gerade ziemlich schwach dasteht, dann switcht man seine Gelder auf andere Fonds unter dem Regenschirm um. Macht zwar mehr Arbeit, aber dafür kann man ziemlich gute Renditen einfahren. Man sollte sich allerdings schon genauer darüber informieren, was wirtschaftlich gesehen in den verschiedenen Ländern so los ist.

Wer ganz schnell informiert sein will: Länderanalysen macht die Deutsche Bank. Man kann sie nach einer Anmeldung abrufen unter der Adresse www.dbresearch.com.

Das Wechseln zwischen den Unterfonds kostet außer einer geringen Gebühr von höchstens einem Prozent des Geldes, das man umlegen will, nichts.

Optionsscheine
Das Spiel zum Glück

Mesdames et Messieurs, rien ne va plus! Nichts geht mehr. Die Einsätze sind gemacht. Ob rot oder schwarz, die Kugel rollt. Und wenn sie stoppt, ist alles gut oder alles futsch. Wer den Nervenkitzel liebt, probiert´s mit Optionsscheinen. Und was ist das nun wieder?

Lust aufs Spielkasino, aber zu wenig Spielgeld in der Tasche? Oder gerade keine Krawatte parat? Alle, denen das Zocken und Wetten so richtig Spaß macht, können entweder darauf setzen, ob John F. Kennedy vom CIA oder von einer gelangweilten Hausfrau erschossen wurde – oder sie setzen auf Optionsscheine. Die sind nämlich genauso spekulativ und unberechenbar.

Man muss dafür allerdings ein paar Grundvoraussetzungen mitbringen. Den Spaß am totalen, absoluten Risiko. Die Gier auf überproportionalen Reichtum. Einen super Durchblick beim Börsengeschehen. Und vor allem eine gewisse Gleichgültigkeit dem eigenen Geld gegenüber.

Ihre Einsätze bitte

Mit einem Aktienoptionsschein wettet man zum Beispiel darauf, wie sich der Kurs einer Aktie entwickeln wird – ob er hoch oder runter geht. Und das in einem bestimmten Zeitraum. Der Optionsschein hat also im Gegensatz zur Aktie immer eine festgelegte Laufzeit. Er ist terminiert. Innerhalb der Laufzeit kann man den Optionsschein jederzeit verkaufen. Aber wenn die Laufzeit vorbei ist, verfällt er und ist damit bedeutungslos. Man darf ihn also nicht einfach im Depot liegen lassen, sondern muss regelmäßig auf den Kalender gucken. Spätestens am Ende der Laufzeit stellt man dann fest, ob man richtig gewettet hat. Wenn ja, dann erzielt man mit einem Optionsschein sehr viel höhere Gewinne als mit normalen Aktien. Aber wenn nicht ... dann muss man leider auch einen ebenso viel höheren Verlust hinnehmen. Und so was muss man erst mal durchstehen können.

Wer Optionsscheine kauft, interessiert sich eigentlich überhaupt nicht für die Aktien selbst, sondern nur für die Entwicklung, die ihr Kurs nimmt. Und je nachdem, worauf man wettet, kann auch ein negativer Kursverlauf für den Besitzer eines Optionsscheins positiv sein. Und zwar dann, wenn er verkaufen will. Je nach Wette kann er, falls die Aktie runter geht, mit Optionsschein einen besseren als den aktuellen Kurs bekommen.

Der Preis für den einzelnen Optionsschein ist viel günstiger als der für die Aktie selbst. Die Papiere werden ganz normal an der Börse gehandelt. Man bekommt sie bei der Bank.

Zeit ist Geld

Der Albtraum aller Optionsschein-Besitzer ist der, dass er auf eine bestimmte Kursentwicklung gesetzt hat, die bis Ende der Optionsschein-Laufzeit aber nicht eingetreten ist, sondern erst einen Tag später. Das nutzt ihm dann nämlich gar nichts mehr. Das ist dann wirklich wie im Spielkasino – rien ne va plus. Nichts geht mehr – alles vorbei.

Klingt doch eigentlich unfair. Da hat jemand den richtigen Riecher gehabt, die Aktie ist wirklich im Herbst hoch gegangen. Aber eben erst am 1. Oktober statt am 30. September. Und der 30. war aber leider das Ende der Laufzeit. Und genau deshalb sind Optionsscheine unberechenbar. Auch wenn hartgesottene Profis da widersprechen. Aber es ist definitiv unberechenbar, ob ein Kurs am 30.9. oder am 1.10. hoch geht. Selbst wenn man grundsätzlich weiß, dass er wieder hoch geht.

Aber das ist dann leider persönliches Pech. Vertrag ist Vertrag. Innerhalb der vereinbarten Laufzeit kann man den Optionsschein jederzeit verkaufen. Wenn sich ein Kurs in die gewünschte, also in die gewettete Richtung entwickelt – und das kann rauf oder runter sein –, kann man problemlos veräußern. Man reizt damit dann eben nicht alles aus. Weder das Risiko noch die Chancen. Nur wenn sich der Kurs von Anfang an nicht in die entsprechende Richtung bewegt, dann hat man echt ein Problem. Und wahrscheinlich auch ganz finstere Träume. Dann kann man nur hoffen, dass noch ein Wunder passiert. Oder man verkauft den Optionsschein ganz schnell an jemanden, der an Wunder glaubt.

Optionsscheine auf alles und jedes

Optionsscheine sind ein gutes Geschäft. Aber nicht wirklich für mich – sondern vor allem für die, die sie ausgeben. Weil viele Anleger durch den niedrigen Preis in Versuchung kommen, das mal auszuprobieren.

Und weil viele sich von den Aussichten locken lassen, gibt es auch unglaublich viele verschiedene Optionsscheine – nämlich weit über 7 000. Aber das sind überhaupt nicht alles nur Aktienoptionsscheine. Nein, man kann auf alles und jedes spekulieren im Geldgeschäft. Zum Beispiel darauf, wie sich der Dax entwickelt, oder auch der Dow Jones, der Nikkei-Index und andere Indices. Auf die Veränderung des Dollar oder des Yen. Das sind dann Devisenoptionsscheine. Oder man spekuliert auf fallende oder steigende Zinsen und kauft Zinsoptionsscheine.

Wie wär's denn mit Optionsscheinen auf Öl? Der Markt setzt keine Grenzen. Auch Optionen auf Erdnüsse, Schweinehälften oder Getreide werden gehandelt. Manche fühlen sich stark von Edelmetallen angezogen, zum Beispiel von Gold.

Über diese Anziehungskraft sollte man allerdings ganz besonders genau nachdenken. Denn Gold hat sich in den letzten Jahren als nicht besonders aussichtsreich gezeigt und immer neue Tiefstände erreicht. Wer also auf steigende Preise gesetzt hatte, war im Nachteil. Gold ist nämlich nur dann stark, wenn alles andere schwach ist: Volkswirt-schaften, Währungen und Märkte. Bei einer Weltwirtschaftskrise machen die Aktienkurse von Unternehmen meistens nicht viel her, und die Anleger setzen plötzlich wieder auf Gold. Gold hat so was von ewigem Wert, und danach haben in einer globalen Krise natürlich alle Sehnsucht. Aber das geht dann auch wieder vorbei.

Auch wer in Zeiten des Booms auf weiter sinkende Goldpreise wetten will, sollte noch mal nachrechnen. Viel mehr Spielraum nach unten ist auch nicht mehr drin. Die Gewinnaussichten wären also in diesem Fall auch nicht besonders.

Gerne greifen die Optionsscheine-Fans auch auf „Baskets" zurück, auf etwas, das ins Deutsche übersetzt ganz harmlos und Vertrauen erweckend klingt: auf Körbe. Darin gebündelt liegen mehrere Aktien, die alle aus einer Branche stammen. Wenn man einen Optionsschein auf so einen Basket kauft, dann bezieht sich die Spekulation auch auf den gesamten Korb. Und das ist keineswegs harmlos.

Die Bank macht's sicher

Aber nicht für den Anleger. Denn für den ist bei Optionsscheinen gar nichts sicher. Die Bank sichert vor allem erst mal sich selber ab. Vor dem Kauf eines Optionsscheins muss man ein Papier unterschreiben, in dem man auf alle möglichen Gefahren und Risiken hingewiesen wird. Und zusätzlich müssen Sicherheiten oder Kontoguthaben hinterlegt werden, falls das Optionsgeschäft in die Binsen geht. Denn wenn's nicht hinhaut, dann hat man sich gleich so richtig verhauen. Man merkt schon – auch die Bank geht mit Optionsgeschäften deutlich weniger lässig um als mit normalen Aktienkäufen. Und wenn einer genau weiß, was riskant ist, dann ist es die Bank.

Wetten, dass ...?

... ich bald auf einen Schlag Millionär bin ... ich genau weiß, dass der Kurs steigt ... ich richtig gesetzt habe ... ich am Stichtag nicht verschlafe ... Spannend, solche Optionsspiele – für den, der's mag. Wie man das spielt, steht hier.

Mach mal einen Call

Aktien-Optionsscheine beziehen sich immer auf einen ganz besonderen Preis, den Basispreis. Die Firma, die den Optionsschein ausgibt, gibt dem Käufer das Recht, die Aktie während der gesamten Laufzeit zu diesem speziellen Bezugspreis zu kaufen. Und zwar unabhängig vom Stand des aktuellen Aktienkurses. Die Laufzeit handelt man also nicht selber aus. Sie ist vorgegeben. Wie lange ist die so im Durchschnitt? Man kann zu jedem Zeitpunkt einsteigen. Es ist aber gut, eine noch möglichst lange Laufzeit vor sich zu haben, da das eine größere Chance bietet, dass die erwünschte Entwicklung eintritt. Das kostet aber auch etwas: Scheine mit langer Laufzeit sind teurer als Scheine mit kurzer Laufzeit.

Das bist du mir wert

Wir gehen mal davon aus, dass man eine Aktie für 35 Euro kaufen oder verkaufen will. Dann ist es möglich, diesen Wunsch durch einen Vertrag, also durch eine Option festzulegen. Der Kurs der Aktie wird sich natürlich nicht einfach nach unseren Wünschen richten. Falls der Kurs bei 50 Euro liegt, haben wir mit unserer Kaufoption – wie schön – das Recht, diese Aktie schon für 35 Euro zu kaufen. Und an dem Differenzbetrag gut zu verdienen. Für dieses Recht müssen wir aber etwas bezahlen – nämlich den Preis für die Option. Der wiederum hängt von der Laufzeit unserer Option ab und von der aktuellen Kursentwicklung der Aktie.

Eine Differenz zwischen dem Basispreis, den der Optionsschein festlegt, und dem, was die Aktie aktuell kostet, macht enorme Gewinne möglich. Aber umgekehrt funktioniert das Prinzip leider ganz genauso. Wenn der Aktienkurs fällt, ist auch der Optionsschein natürlich genauso schnell und heftig weniger wert. Es kam schon vor, dass manche der Spekulanten ihr gesamtes eingesetztes Vermögen in kurzer Zeit verloren haben.

Hoffnung ist Bares

Der Bezugspreis ist wie eine Null-Linie. Wenn der Aktienkurs auf Höhe des Bezugspreises ist, in unserer Rechnung auf 35 Euro, dann ist der Optionsschein eigentlich nix wert. Aber es kann ja sein, dass sich während der Laufzeit noch was ändert am Kurs. Dass er doch noch hochgeht. Das wäre schön.

Und weil es gut sein kann, dass jemand anderes daran glaubt und deshalb den Mut hat, den Optionsschein zu übernehmen, zahlt er für den Schein tatsächlich was. Er bezahlt für die Hoffnung. Das, was er drauflegt, nennt man Aufgeld. Und das vari-

iert – je nachdem, wie lange die Restlaufzeit noch ist. Denn je kürzer die Restlaufzeit, desto höher das Risiko. Der Kurs hat ja dann nicht mehr so lange Zeit, noch in die richtige Richtung zu schwenken.

Der Aktienanfänger kann allerdings nur sehr schwer beurteilen, wie viel Aufgeld gerechtfertigt ist oder ob die Restlaufzeit genügt. Also: Vorsicht!

Put & Call

Das Spiel mit den Optionsscheinen gibt es in mehreren Varianten. Den „Call“ kennen wir ja schon. Dabei erwirbt man eine Kaufoption, also die Möglichkeit, eine Aktie zu dem festgesetzten Bezugspreis zu kaufen, wann immer man will – so lange es nur innerhalb der Laufzeit ist. Klar.

Wie wir bereits wissen, gibt es auch das Gegenteil, was bedeutet, dass man auf einen sinkenden Aktienkurs setzt. In einem solchen Fall macht natürlich nur eine Option auf Verkaufen Sinn. So eine Verkaufsoption heißt „Put“. Man erwirbt mit dem Optionsschein also das Recht, diese Aktie zu einem definierten unveränderlichen Preis verkaufen zu dürfen. Wenn also der aktuelle Kurs einer Aktie von 35 Euro auf 20 Euro fällt, wir aber einen „Put“ im Depot liegen haben, dann können wir innerhalb der vereinbarten Laufzeit für 35 Euro verkaufen, und der Vertragspartner hat das Nachsehen.

Da setz ich drauf

Wer ganz fest daran glaubt, dass sich der Kurswert der Aktien, die er im Depot hat, auch wirklich nach oben entwickelt, der kann sich dann auf genau diese Aktien auch noch die entsprechenden Optionsscheine dazu kaufen. Denn dann geht's natürlich enorm ab, wenn der Kurs zur rechten Zeit tatsächlich hoch gegangen ist. Es gibt aber auch die Möglichkeit, mit Puts eine negative Kursentwicklung seiner Aktien aufzufangen. In so einem Fall geht dann zwar der Wert der Aktien runter, aber weil man mit seinem Put genau darauf gesetzt hat, hat man auch wieder was von dem Kurseinbruch. Das ist was für Leute mit potenzieller Schizophrenie, denn wer ist schon bereit, daran zu glauben und darauf zu wetten, dass die eigenen Aktien nach unten gehen.

Wer sich traut, beim Optionsscheingeschäft mitzumachen, der sollte aber folgenden Tipp beherzigen. Grundsätzlich sollte man das Put- und Callspiel ruhig erstmal mit genau den Aktien als Basiswert ausprobieren, die man auch im Depot hat. Oder zumindest schon im Auge. Denn bei denen kennt man sich erfahrungsgemäß immer noch am besten aus und kann die Kursentwicklungen besser einschätzen. Weil man sich über diese Firmen alle möglichen Infos eingeholt hat, oder weil man hier den Kursverlauf schon eine ganze Weile beobachtet. Und weil man weiß, was in der Branche gerade los ist.

Da die Bank bei Optionsscheingeschäften selber übervorsichtig ist, ist es ja nicht so, dass man losgeht und schnell um die Ecke mal eben für 100 000 Euro Optionsscheine kauft. Der Bankberater wird es hier bestimmt als seine Aufgabe sehen (und das ist sie definitiv auch), seinen Kunden intensiv zu beraten. Falls er es nicht von sich aus tut, muss man es eben einfordern.

Denn bei einem Deal mit Optionsscheinen sollte man auf gar keinen Fall alleine ans Werk gehen. Und wenn man noch so sehr ein risikofreudiger Typ ist: Immer, immer gegenchecken lassen von jemandem, der sich wirklich auskennt.

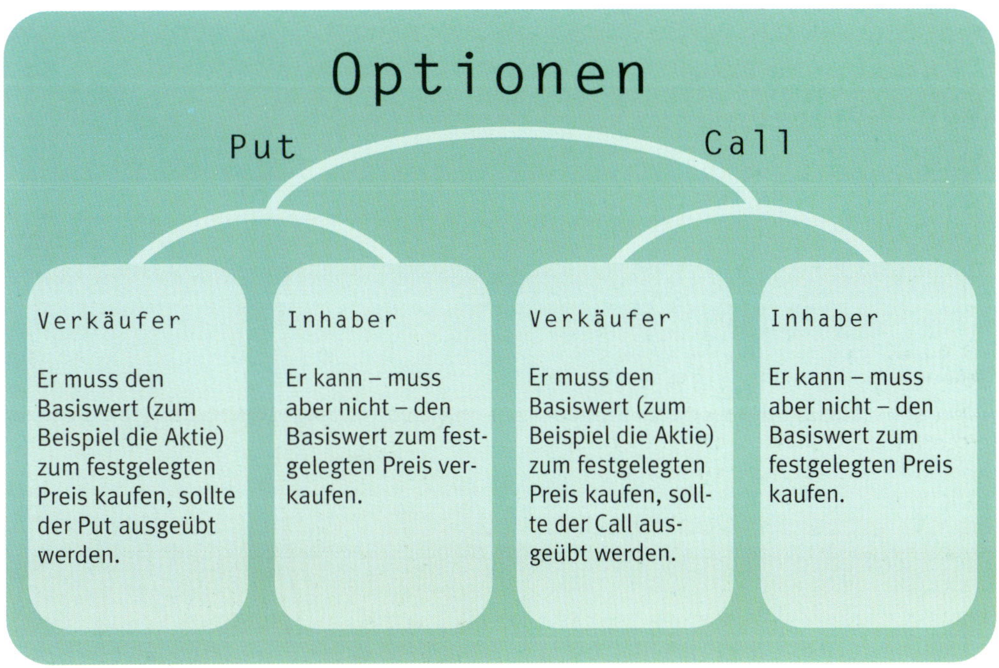

Optionsschein auf Optionsschein

Die Option zum Zocken

Thomas wettet auf besseres Wetter. Karl auf Absteiger in der Fußballtabelle. Otto und Anja wetten, dass ihre Tochter mal Bundeskanzlerin wird. Das sind alles Optionsschein-Anwärter. Und wir? Wir wetten darauf, dass Otto Recht hat und Karl nicht. Wir wetten auf eine Wette. Und für uns müssen es dann schon „Optionsscheine auf Optionsscheine" sein.

Nur hart gesotten? Viel zu wenig!

Die echten, knallharten Spieler gehen nicht ins Kasino, sondern spielen Russisch Roulette. Da ist der Einsatz wenigstens ordentlich hoch. Und wenn man gewinnt, hat man nicht nur das Geld, sondern auch sein Leben gewonnen.

So etwas in der Art findet man auch an der Börse. Das heißt da aber nicht Russisch Roulette, sondern „Optionsscheine auf Optionsscheine". Man wettet also darauf, dass jemand anders mit seinem Optionsschein richtig gewettet hat. Uuuuups! Wer da nicht ins Schwitzen kommt, ist kein Mensch mehr. Hier muss man echt abgebrüht sein. Oder noch besser – verrückt. Das gilt vor allem für die, die „Futures" kaufen. Die enden nicht wie die Optionen bei Null, und dann ist das eingesetzte Geld ganz und gar weg. Nein, der Käufer, der sich verspekuliert hat, muss auch noch für Verluste einstehen, also nachzahlen.

Wenn man gewinnt, dann geht natürlich die Post ab. Weil sich die ohnehin schon hohe Potenz eines erfolgreichen Optionsscheines noch einmal potenziert. Aber an diesem Punkt sollte man doch einmal betonen: Geld ist nicht alles. Und nicht nur Geld macht glücklich. Und für den Aktieneinsteiger ist diese Abteilung völlig tabu. Am besten gleich wieder vergessen! Steht hier auch nur drin, weil es so spannend ist. Und um zu zeigen, dass an der Börse wirklich alles möglich ist.

Drum prüfe, wer sich bindet

Das mit den Optionsscheinen ist sehr viel schwieriger und komplizierter als Aktien- oder Fondsanlagen. Denn der Faktor Zeit ist unglaublich schwer berechenbar. Vor allem, wenn's nur um ein paar Monate hin oder her geht. Man braucht also deutlich mehr Erfahrung, um die Chancen von Optionsscheinen einschätzen zu können. Und weil es leider auch so viel riskanter ist, sollte man unbedingt erst mal ein paar Monate lang fleißig Trockenübungen machen, bevor man den ersten Optionsschein kauft. Die Optionspreise sowie deren Bezugspreise und Laufzeiten stehen genau wie die der Aktienkurse im Börsenteil der Zeitung. Einfach mal eine Zeit lang prüfen, ob man sich gnadenlos verspekuliert oder Gewinne gemacht hätte. Und dann lieber noch mal gut überlegen, noch mal drüber schlafen und dann gaaanz langsam zur Bank gehen.

www.wo-gibts-infos.de

Die Banken, die Optionsscheine im Angebot haben, bieten auch umfangreiche Informationen darüber. Die Citibank zum Beispiel hat jede Menge Optionscheine auf Lager. Hier kann man sich einfach mal reinklicken unter:

www.citibank.de
www.deutsche-bank.de
www.hypo.de
www.wdr-optionscheine.de
www.finanzenonline.de
www.consors.de

Lauter gute Adressen für die, die hier mal intensiver nachforschen oder auch kaufen wollen. Aber auch bei den Börsenmagazinen gibt es viele Informationen zum Thema Optionsscheine. Jedes dieser Magazine hat eine eigene Rubrik, in der seitenweise darüber berichtet wird. Es gibt sogar ein Blatt, das sich ausschließlich den Optionsscheinen widmet. Und was drin steht, steht auch drauf: „Optionsscheine" heißt es. Es erscheint wöchentlich und behandelt nur diese Materie. Und natürlich bietet auch hier wieder n-tv fundierte Experteninfo im Teletext. Mit aktuellen Kursen und allem Drum und Dran. Die Stuttgarter Börse hat in diesem Bereich die Nase vorn. Über die Hälfte des gesamten deutschen Optionsscheinhandels läuft in der schwäbischen Hauptstadt. Erstaunlich – hätte man gar nicht gedacht. Denk ich an Stuttgart, denk ich an Kehrwoche oder ans Häuslebauen. Aber noch viel erstaunlicher ist, dass der größte Optionsscheinmarkt der Welt nicht etwa in den USA und nicht in Japan ist – nein, in Deutschland. Wo man doch annehmen würde, dass, je risikoreicher eine Anlage ist, sie desto wahrscheinlicher in den USA weit verbreitet sein muss. Aber nein! Nicht bei den Optionsscheinen.

70 Milliarden Mark setzten deutsche Anleger im Jahr 1998 für Optionsscheingeschäfte ein. Drei Jahre zuvor war es noch ein Drittel. Also, die Lust am schnellen Höchstgewinn und die Bereitschaft, das Risiko dafür einzugehen, ist anscheinend typisch deutsch.

asic Tipp

eil das richtige Timing so xtrem wichtig ist bei Optionscheinen, sollte man unbedingt ur welche nehmen, die noch ine möglichst lange Laufzeit aben. Und immer darauf achten, ass der Bezugspreis für die ktien unter dem momentanen ktienkurs liegt. Das Aufgeld st zwar Verhandlungssache, ber man sollte auf jeden Fall ersuchen, den Optionsschein ei Calls (Kaufoptionen) nur zu einem rechnerischen Wert zu aufen. Bei Puts (Verkaufsptionen) sollte es genau umekehrt sein.

Und was für ein Aktionär bin ich?

Es gibt fleißige Menschen und faule. Alte, junge, chaotische, ordentliche. Manche suchen ständig das Abenteuer, andere suchen sich selbst. Oder einfach ihre Ruhe. Es gibt Frauen, Männer, Nörgler, Witzbolde, Frühaufsteher oder Nachtschwärmer. Und alle Menschen haben eins gemeinsam – jeder ist anders.

Was das jetzt mit Aktien zu tun hat? Ganz einfach. Es gibt sie nicht – DIE Aktienanlagenstrategie. Weil es eben auch DEN Menschen nicht gibt. Jeder Mensch tickt auf seine ganz eigene Art, jeder hat andere Pläne für die Zukunft. Und jeder geht mit seinen Plänen unterschiedlich um. Aber das Schöne an Aktien ist ja, dass sie nicht eine Entweder-oder-Sache sind, sondern tausendunddrei Möglichkeiten bieten, damit Geld zu verdienen. Da kann sich jeder die Anlagenstrategie raussuchen, die zu ihm passt. Ganz nach Geschmack und Lust und Laune.

Was für ein Aktionär bin ich ?

Ich geb Gas

Wenn ich was mach, dann aber richtig.
Ich find's gut, durchzublicken.

Dann kann mir keiner was erzählen.

Ist ja auch überhaupt kein Thema mehr, heute.
Internet macht's möglich.
Klick, klick, und schon weiß ich, was los ist.

Überhaupt mag ich's lieber, wenn was los ist.
Rumhängen find ich langweilig.
Mir macht's Spaß, wenn was passiert.

Meine Aktien gucke ich mir jeden Tag an.
Nicht die Aktien, die Kurse natürlich.
Und je nachdem, wie es läuft, entscheide ich, was ich jetzt mache.

Hauptsache: Immer schön am Ball bleiben.
Nur Spießer haben keine Lust auf Veränderung.

Ich will Spaß

Ich hab ja jetzt schon keine Zeit, mich um meine Geldgeschichten zu kümmern. Die Kontoauszüge - total verstreut, überall in der Wohnung. Macht mir auch gar keinen Spaß. Geld ist gut - sich drum kümmern ist langweilig.

Ich kümmer mich lieber um Eva. Aber vielleicht sollte ich später mal 'ne Bankkauffrau heiraten. Die würde die Geldgeschichten schon regeln, einfach, weil es ihr Spaß macht.

Aber was ist dann mit Eva? Wir wollten doch zusammen diesen Trip durch Südamerika machen. Vier Monate lang, mindestens. Da schau ich dann, wie die Sterne stehen. Aber doch nicht auf Aktienkurse. Wenn ich dauernd Angst haben müsste, dass mein Geld den Bach runter geht, sobald ich nicht up to date bin. Dann macht das ja auch keinen Spaß.

Ach, ich weiß auch nicht. Jetzt geh ich erst mal ins Freibad und dann mit Eva auf die Party von Andi.

So kann's gehen

Der eine hat's verdient, der andere geerbt. Der eine hat mehr, der andere weniger. Aber eines haben alle – die Möglichkeit, dabei zu sein. Das geht schon mit 50 Euro im Monat.

Die 7 goldenen Regeln für Aktionäre

1 Immer eiserne Reserven haben! Wenn das Auto streikt oder der Zahnarzt plötzlich was Teures machen muss, muss Liquides her. Wie viel, weiß jeder selbst am besten. Damit man kurzfristig ran kann, kommt's am besten auf einen Geldmarktfonds.

2 Durchmischen! Niemals alles auf was Superspezielles setzen. Auch nicht alles auf einen Aktienwert. Und wenn doch, dann nur große Gesellschaften mit mehreren Standbeinen nehmen.

3 Als Einstiegs-Aktionär besser etablierte Werte wie Dax oder MDax nehmen.

4 Zeit ist Geld! Je größer der Zeitraum ist, über den man sein Geld anlegt, desto mehr kommt dabei heraus. Also am besten einen Teil gleich für 25 Jahre anlegen und dann ganz und gar vergessen.

5 Keine Aktien kaufen, auf die es keine Dividenden gibt! Die haben in der Regel ein größeres Risiko.

6 Keine Panikverkäufe, wenn der Kurs vorübergehend einbricht, sondern abwarten.

7 Mitglied in einem der vielen Investmentclubs werden. Da gibt's Gleichgesinnte, Beratung, rechtliche Unterstützung und Information (⇢ Seite 118).

So geht's mit 25 Euro im Monat

In dem Fall macht ein Fonds Sinn. In den man regelmäßig einzahlt. Also, wer mit 25 Euro monatlich ins Rennen gehen möchte – kein Problem. Außer einem: Nicht bei jedem Fonds kann man mit einem so kleinen Betrag pro Monat einsteigen. Was die Bank aber anbietet, ist, auf ein separates Konto jeden Monat 25 Euro einzuzahlen. Die Bank nimmt dann vierteljährlich die angesparten 75 Euro und steckt sie in den Fonds. Wenn sie dort mit einer durchschnittlichen Rendite von 11 Prozent verzinst werden, dann hat man nach 5 Jahren um die 2 000 Euro im Topf, nach 10 Jahren rund 5 400 Euro und nach 20 Jahren stattliche 20 000 Euro im Depot!

So geht's mit 50 Euro im Monat

Ein Pullover oder drei mal weniger essen gehen pro Monat: Das bisschen Konsumverzicht reicht schon aus, um das Grundkapital für seine Aktienanlage zu bilden. Wer 50 Euro im Monat übrig hat, der kann sie in einen soliden internationalen Fonds stecken. Hier kann das Geld in aller Ruhe immer mehr werden. Einzelaktien machen bei kleinen monatlichen Beträgen wenig Sinn, weil sich da selbst spektakuläre Kursgewinne kaum bemerkbar machen. Und die werden durch die diversen An- und Verkaufsgebühren dann auch noch aufgefressen. Außerdem lehnen viele Banken ab, wegen des Arbeitsaufwands Beträge unter 1 500 Euro für Aktien einzusetzen. Da ist es schlauer und kostet weniger Zeit und Nerven, seine 50 Euro im Fonds anzusparen. Und dann sollte man dieses Geld auch in Frieden lassen. Also nicht von heute auf morgen über das angesparte Geld verfügen müssen oder wollen. Denn es muss über die Jahre (oder sogar Jahrzehnte) schon was zusammen kommen, damit der Topf rentabel wird.

So geht's mit 3 000 Euro

Klar, auch 3 000 Euro kann man in einen Fonds legen und dann entweder, so wie's ist, wachsen lassen oder immer mal wieder was dazuschießen. Aber man könnte sich auch mal mit ein oder zwei Einzelaktien ausprobieren. Denn ab 1 500 Euro lohnt es sich schon, in eine bestimmte Aktie zu investieren. Das ist natürlich mehr Risiko, aber kann auch deutlich mehr bringen, als nur in einen Fonds zu gehen. Aber wer die 3 000 Euro nur einmal hat, der sollte sie nicht in extrem risikoreiche Werte investieren wie beispielsweise Internetaktien. Gut ist es, eine Neuemission zu nehmen, die mit viel Werbung angekündigt wird. Nicht unbedingt nur im Fernsehen, auch in den Börsenmagazinen. Denn wo laut getrommelt wird, da wird meistens auch getanzt. Für den, der mehr auf Nummer Sicher gehen will, empfiehlt es sich, höchstens 1 500 Euro auf eine Aktie zu setzen, bei der er ein gutes Gefühl hat und den Rest im Fonds anzulegen. Dann kann man mit den hoffentlich erwirtschafteten Kursgewinnen der Einzelaktie wiederum den Fonds auffüllen und die 1 500 Euro Grundsumme wiederum in eine Einzelaktie stecken. Wer keine Lust auf Kaufen und Verkaufen hat, kann die eine Hälfte auch in einen sichereren Fonds tun und die andere in einen riskoreicheren, aber auch potenziell rentableren. So ist das Risiko verteilt, man kann ruhig schlafen und hat trotzdem noch Chancen auf ein bisschen mehr Leben in der Depot-Bude.

So geht's mit 5 000 Euro

Bei einer einmaligen Zahlung von 5 000 Euro kommt im Laufe der Jahre was zusammen. Wenn wir – aufgrund der Erfahrungen der letzten Jahrzehnte – davon ausgehen, dass sich das Aktiendepot mit 14,78 Prozent und das Investment in Aktienfonds mit 9,14 Prozent Rendite verzinst, dann können wir für die Zukunft folgendes Rechenbeispiel aufmachen:

Jahr	Aktiendepot	Aktienfonds
1 Jahr	5 739 Euro	5 457 Euro
5 Jahre	9 961 Euro	7 743 Euro
10 Jahre	19 844 Euro	11 990 Euro
15 Jahre	39 533 Euro	18 566 Euro
20 Jahre	78 758 Euro	28 751 Euro
25 Jahre	15 6901 Euro	44 521 Euro
30 Jahre	312 577 Euro	68 943 Euro

So geht's mit 50 000 Euro

Geerbt, geklaut oder in der U-Bahn gefunden? Wir wollen's gar nicht wissen. Auf jeden Fall eine ordentliche Summe, um daraus eine noch viel ordentlichere Summe zu machen. Und man kann gleichzeitig was für den schnellen und den langfristigen Gewinn tun. 20 000 Euro auf vier oder fünf unterschiedlich konzipierte Fonds verteilt, sind für die Altersvorsorge gut angelegt. In einem weiteren Depot kann man dann für 20 000 Euro Einzelaktien sammeln. Davon sollten aber dennoch zwei Drittel in soliden Blue-Chip-Werten stecken. Es wär schade um das ganze schöne Geld, wenn's verloren ginge. Den Rest kann man getrost in Aktien mit stärker schwankenden Kursverläufen investieren. Da muss man nur gut darauf achten (oder jemanden anderen darauf achten lassen), dass man jeweils zum richtigen Zeitpunkt ein- und aussteigt.

So – jetzt sind aber noch 10 000 Euro übrig. Da kann sich, wer mal was riskieren und vielleicht was lernen will, mit 5 000 mal an einem Optionsschein versuchen. Aber bitte mit möglichst langer Laufzeit. Nichts kaufen, was kürzer als ein Jahr terminiert ist! Und die restlichen 5 000 Euro sollte man sich als Cash-Reserve behalten.

Wer mit solch stattlichen Summen wie 50 000 Euro an der Börse aktiv ist, sollte sich auch einen Vermögensberater leisten. Jemanden, der alles immer im Blick behält, auch wenn man selbst mal drei Wochen in Urlaub ist. Und mit dem man regelmäßig seine gesamte Anlagestrategie überprüft und eventuell auch neu definiert. Denn bei so viel Geld mit so einer starken Streuung kann man nicht selbst über alle wichtigen Entwicklungen den Überblick haben. Oder man hat Spaß dran und sonst nichts zu tun. Oder man sattelt gleich um und wird Finanzgenie von Beruf.

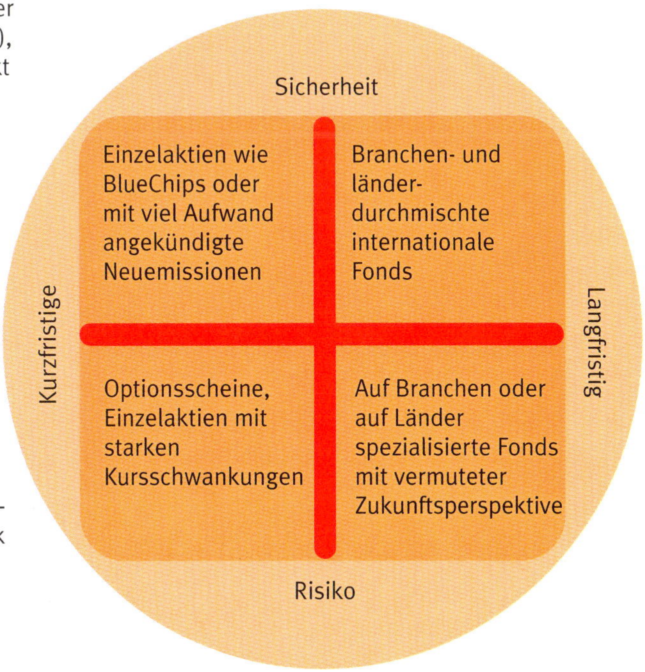

Die cleveren 7

Was ich im Leben **will**, hat damit zu tun **welche Aktien-strategie** ich brauch

für die Familie

für Aussteiger

für später

für die Weltreise

für ganz Fixe
KM
VDO
ELECTRONIC

für die Firma

für die Kinder

Die cleveren 7

Was ich im Leben will, hat damit zu tun welche Aktienstrategie ich brauch

für die Familie

Wer vor hat, eine Großfamilie zu gründen, der tut sicher damit was für sichere Renten. Denn die lieben Kinderchen sollen uns mal finanzieren, wenn's denn so weit ist. Doch erst mal kosten sie selber Geld. Und zwar das der Familie.

Ein Zubrot können sich die Eltern da über Aktien verdienen. Man sollte aber wirklich nur ganz, ganz entbehrliches Geld investieren. Denn wenn Kinder wachsen, haben sie einen Mordshunger. Und nur in absolut sichere Aktien gehen! Am besten in die Blue-Chips (→ Seite 25), da weiß man, was man hat. Das sind auch die, die ganz gute Dividenden ausschütten, so dass man kontinuierlich mit Geldsegen rechnen kann. Aber Vorsicht! Es gibt Firmen, die ihre Gewinne nicht komplett an die Anleger weitergeben, sondern einen Teil reinvestieren – in Forschung und Entwicklung zum Beispiel. Das sind häufig Unternehmen aus der Pharma- oder Computerbranche. Die sollte man eher meiden, wenn man auf hohe Dividende aus ist, und sich vorher beraten lassen. Oder den Kursteil studieren (wird auf Seite 48 erklärt). Sinnvoll ist es, in der Zeit, bevor die Kinder kommen, einen etwas größeren Betrag anzulegen. Und dann jeden Monat einen kleineren Betrag – mehr geht dann nämlich sowieso nicht. Da hat man dann schon was auf der hohen Aktien-Kante, bevor Pampers und Co. ihren Tribut fordern.

für Aussteiger

Raus aus der Stadt und ab auf den Bauernhof. Mit der Familie oder mit Freunden. Ins Schwäbische oder in die Toscana. Das eigene Brot backen, mit der Natur leben und sein Geld in Aktien stecken. Geht das zusammen? Klar doch! Um gutes Brot zu backen, ist es doch völlig gleichgültig, ob man sechs Aktien, zwei Sparstrümpfe oder eine großzügige Tante hat. Ach, das Weltanschauungsthema ist gemeint? Ja, also, da können wir nur sagen: Leute – die 60er sind vorbei. Neuerdings darf man unterschiedliche Lebensstile kombinieren. Ja. Doch. Ganz ehrlich.
Wenn jetzt also ein Lebensstil-Kombinierer auf dem Bauernhof lebt und auf Aktienanlagen schwört, dann muss er beachten, dass er nicht laufend an der Kursentwicklung dranbleiben kann. Wer von verschiedenen Info-Kanälen abgeschnitten ist, sollte entweder nur super-langfristig investieren oder in Aktien, deren Kurse sich nicht stündlich verändern. In diesem Fall braucht es aber unbedingt einen Internet-Anschluss. So kann man nachvollziehen, wie es um die Aktien steht, was in der Wirtschaft los ist. Denn nicht alle Aktien werden in der Tagespresse oder von den spezialisierten Nachrichtensendern wie n-tv erwähnt. Außerdem hat man ja vielleicht auch gar keinen Fernseher. Also, wenigstens das World Wide Web braucht man. Dann kann man sogar online seine Aktiendeals machen (mehr dazu → Seite 114).

für später

Jetzt was tun, damit man's später als lustiger Rentner mal gut hat? Das ist die leichteste Übung. Wer jetzt damit anfängt, über lange Zeit in Aktien zu investieren, der ist auf der Sonnenseite. Und muss sich auch gar nicht groß stressen. Einfach jeden Monat einen kleinen Betrag in einen oder mehrere sichere Fonds stecken (Seiten 78 bis 82). Oder ab und zu mal was auf Blue Chips setzen – und das Ding läuft von alleine. Man kann ganz gemütlich vor sich hin leben, um sich dann irgendwann zu erinnern: „Mensch, ich hab da doch noch was in Aktien." Dann das Geld abholen und was Tolles damit machen. Beispiel: Wenn monatlich nur 80 Euro (ca. 160 Mark) eingezahlt werden und man nimmt einen eher bescheidenen Zuwachs von sieben Prozent an, dann hat man nach 20 Jahren über 36 000 Euro (ca. 72 000 Mark) angesammelt. In der Vergangenheit waren es sogar meistens sehr viel mehr – teilweise bis zu 13 Prozent.

Und wenn mal ein größerer Börsencrash kommt – macht nix. Man braucht das Geld ja erst viel später. Und die Börse hat sich bisher noch immer wieder erholt. Also bitte! Wer heute an seine Altersversorgung denkt, kommt an Aktien nicht vorbei. Der muss einfach sein Geld vom Sparbuch nehmen und es an der Börse anlegen.

für die Weltreise

Da stellt sich zunächst die Frage: Wann soll's denn losgehen? Am besten erst in einem Jahr. Weil man nämlich alle Aktiengewinne, die man innerhalb eines Jahres realisiert (das ist ein schicker Fachbegriff für „Aktie steht super – ich verkaufe") versteuern muss. Nur wenn die Aktie länger als ein Jahr in Ruhe gelassen worden ist, kommt man mit seinen Aktiengewinnen am Finanzamt vorbei. Da kann man dann vielleicht auf der Weltreise noch einen Schlenker zum Nordpol mit einplanen. Langfristige Fondsanlagen sind für alle, die bald ihre Zelte abbrechen wollen, natürlich sinnlos.

Total spekulative Geschichten? Nur vorsichtig. Mit der Schwebebahn durch Wuppertal ist doch keine Alternative, oder.
Am schlauesten ist es wohl, auf die großen Megatrends zu setzen. Denn für alle, die in absehbarer Zeit Geld vermehren möchten, bieten die Trendbranchen natürlich größere Profitchancen. Biotech, Logistik, Energieversorger oder was auch immer gerade angesagt ist. Man kann auch in den Neuen Markt gehen, muss sich dann aber schon auskennen – die kleinen Start-up-Butzen besser meiden. Dann doch lieber die ordentlichen Companies, die schon bewiesen haben, dass sie was taugen. Das gibt dann eine ganz gute Mischung aus Risiko und Gewinnaussicht. Aber nicht vergessen: Das Finanzamt verdient innerhalb des ersten Jahres mit, wenn man verdient. (Steuerfragen ⇢ Seite 126)

für ganz Fixe

Für alle, die Zeit und Lust haben, ständig auf dem Laufenden zu bleiben, zwischen n-tv und Internet hin und her zu hüpfen. Und für den, der seine Suppe am liebsten mit Adrenalin statt mit Salz würzen würde. Der die Gefahr eines Verlustes genauso spannend findet wie die Hoffnung auf Gewinn.

Der Spaß daran hat, sich Wirtschaftsmagazine und den Börsenteil der Tageszeitung einzuverleiben. Wer so unterwegs ist, der ist up to date genug, um auch mal was zu wagen. Zum Beispiel auf dem Neuen Markt. Da fusionieren zwei, oder ein Großer kauft 'nen Kleinen auf – na, dann ran an den Speck und gleich die Aktie gekauft. Wer sich auskennt und sieht, dass eine Firma eine revolutionäre Technologie entwickelt hat, der wird auch ein Gefühl dafür haben, ob sich die Innovation durchsetzt oder nicht. Und kann da ruhig schnell mal ein paar Mark investieren, wenn es sich gut anhört.

Der hat auch genug Background, um einen Geheimtipp am Tresen richtig einzuschätzen. Wenn es ein guter Tipp ist – warum nicht? Und falls er mal danebenliegt, dann ist er auch fix genug, um die Aktie rechtzeitig wieder abzustoßen.

für die Firma

Für die eigene Firma hat man sich fleißig und jahrelang abgemüht – und plötzlich trägt das alles seine Früchte. Man macht Gewinne, man hat finanzielle Bewegungsfreiheit. Was macht man jetzt mit dem schönen Geld? Den Empfang mit Blattgold auslegen? Oder Schreibtische aus Marmor bestellen?

So ein cleverer Unternehmer kann auch investieren. Und zwar nicht in das eigene, sondern in andere Unternehmen. Zum Beispiel in eines, das die Geschäfte des eigenen gut ergänzt. Oder in eines, das etwas kann, was seins nicht kann – strategische Partnerschaften nennt man das heute. Oder um über einen gut eingeführten Partner bessere Zukunftschancen zu bekommen, hier und da neue Marktanteile an sich zu ziehen.

Das ist dann möglich, wenn man mit den Gewinnen der eigenen Firma Aktien von anderen Firmen erwirbt. Eher von kleinen, wenn man als wichtiger Aktionär auch wirklich was zu sagen haben will. Eher von großen, wenn man es doch bequemer will und das als reine Kapitalanlage sieht. Auf jeden Fall in sichere, wenn man keine Lust darauf hat, dass das Geld, das man im Schweiße seines Angesichts verdient hat, wieder zum Teufel geht. Deshalb sollte man sich schon beim Kauf immer ein Limit setzen, das bei fallenden Kursen greift. An diesem Punkt heißt es dann: Aktien abstoßen.

für die Kinder

„Den Kindern soll's mal besser gehen als mir," sagte er, ging los und kaufte für sie ein paar Aktien. So handelt ein cleverer und liebender Vater. Denn weiß man, was das Kind in 20 Jahren so im Kopf haben wird? Vielleicht will es studieren oder sich ein Auto kaufen. Oder es will eine Tanzschule aufmachen und professioneller Turnierreiter werden. Oder es will heiraten. Im Himalaya – mit 500 Gästen, die dorthin eingeflogen werden. Es gibt sehr viele faszinierende Ideen, mit denen ein Kind irgendwann einmal seine Erzeuger überfallen könnte.

Da heißt es vorbereitet sein. Jeden Monat ein kleines Sümmchen in Aktien anlegen – und es wächst ein stattliches Vermögen heran. Eine Mischung aus internationalen Aktien und Aktienfonds macht Sinn. Fonds sorgen für Sicherheit, und etwas Risiko kann man sich mit Einzelaktien schon leisten. Dann reicht es im schlimmsten Fall halt nur für 300 Gäste bei der Hochzeit. Und damit die lieben Kleinen auch selber Spaß an ihrem Aktienpaket haben, geht man statt in Stahl-Werte vielleicht eher in Disney- oder Coca-Cola-Aktien. Oder eine andere stabile Firma, die Jugend-Produkte herstellt. Die sind irgendwie anschaulicher als Stahlbeton. Vielleicht sogar cool. Und eins ist klar: Cool zu sein ist für einen 14-jährigen das A und O.

Obst

Wo kaufen?

Claudia kauft grundsätzlich im Lagerverkauf ein. Weil's da die tollsten Sachen toll günstig gibt. Nur die Tomaten, die kauft sie beim Italiener um die Ecke. Schuhe kauft sie überall da, wo es welche gibt. Kirsten geht lieber in den Supermarkt. Da gibt's alles so schön auf einem Fleck. Ist doch praktisch.

Reiner und Stefan gehen lieber nicht mit zum Einkaufen, weil sie Einkaufen furchtbar langweilig finden. Aber wenn Claudia und Kirsten Aktien kaufen würden, dann wär alles anders. Da würden sie gerne mitgehen. Weil Aktien kaufen gar nicht langweilig ist. Man muss nur wissen, wo man sie kriegt. Und wo man gute kriegt. Und wo man die auch noch günstig kriegt!

Also sprach der Börsianer

Noch mehr Weisheiten, Redensarten und andere Schlaumeiersprüche aus der weiten Welt der Börse:

„Nicht alle Eier in einen Korb legen!“

Jeder, der schon mal Besitzer einer Hühnerfarm war, weiß genau, wovon hier die Rede ist. Denn was so fleißig ausgebrütet wurde, das muss mit Vor- und Umsicht zu Markte getragen werden. Man sollte nicht alles auf eine Karte setzen. Denn wenn da was schief geht, ist gleich alles schief. Lieber auf verschiedene Aktien und/oder Fonds setzen. Etwas weniger bäuerlich formuliert, könnte man hier auch einfach nur von Risikostreuung sprechen.

Wer zwischen sechs und zehn Varianten im Korb, also im Depot, hat, der sichert sich vernünftig ab. Unser Freund Paul von nebenan (siehe rechts im Fragebogen) hat jetzt noch was dazugelernt. Denn ein Fonds und eine Aktie im Depot zu haben ist natürlich nur die Mini-Ausgabe der Risikostreuung. Wir werden Paul die Adressen einiger Hühnerfarm-Besitzer vermitteln, damit er es in Zukunft besser macht.

Und wo wir gerade bei Lebensmitteln sind. Eine weitere Börsianerweisheit lautet „Gehen nicht Äppel, gehen Birnen“. Das ist sicherlich der hoffnungsvollste Spruch, denn er sagt einfach nur, dass immer irgendwas geht.

Die Weisheiten der Profis

„Eine Aktie, die man nicht zehn Jahre zu halten bereit ist, darf man auch nicht zehn Minuten besitzen.“

Warren Buffett, Börsenmilliardär

Innerhalb von 40 Jahren hat er sein Vermögen !!! 25 000 !!! mal vermehrt! Das ist unglaublich, aber wahr. Niemand hat je so viel Geld an der Börse gemacht wie Buffett. Vielleicht auch, weil er so ist wie Dagobert Duck: sehr, sehr sparsam. Keine maßgeschneiderten Anzüge, höchstens einmal die Woche essen gehen (nur Steak). Die Legende sagt übrigens, dass er seine Kinder enterbt haben soll, damit sie selber lernen, Geld zu verdienen. Das ist doch nett von ihm.

Basic Hotline

Basic Aktionäre fragen – Aktien Basics antwortet

Ich will eine Aktie kaufen. Eine, die hübsch und selten ist, die ich schön einrahmen und an die Wand hängen kann.
Wo find ich die?

Erhard, Sammler und Jäger

Es gibt inzwischen einige Auktionshäuser, die historische Wertpapiere anbieten. Da kommen auch Sammler wie Du, Erhard, auf ihre Kosten. Da findet man Aktien, die Jahrhunderte alt sind, Aktien aus der deutschen Industrie-Gründerzeit oder auch ganz seltene und seltsame Stücke. Sie werden meistens in Auktionen gehandelt, da sie ja wie Antiquitäten sind. Unter www.historische-wertpapiere.de kann man sich zum Beispiel im Internet anschauen, was die so anbieten, sich vorinformieren und dann vielleicht auch online an einer der Auktionen teilnehmen. Und viele dieser alten Aktien sind wirklich dekorative Objekte.

Offener Betrug

„Opener“ nennt man sie. Das sind Leute, die anrufen, um einen für Vermögensanlage-Vorschläge aufzuwärmen und weichzukochen. Sie horchen einen aus, fragen ab, was man finanziell im Rücken hat, wo man schon Gelder investiert hat. Sie versuchen nicht, etwas zu verkaufen, sondern tun erst mal nur ganz selbstlos, oder behaupten auch, sie würden eine Studie mit Telefonbefragung durchführen. Wenn sie dann auf diesem Weg die wichtigsten Eckdaten erfahren haben, schlägt der echte Betrüger zu. Der ruft einen nämlich ein paar Tage später an und hat, ach, was für ein Zufall, genau das passende Investitionsmodell parat. Unglaubliche Renditen werden versprochen – aber die hat leider nur der Telefonbetrüger. Also am besten schon beim Anruf eines „Openers“ abblocken. Die haben nämlich so ihre Psychotricks drauf, um selbst hartgesottenen Widerstand zu brechen.

Wie machen's die anderen?

Wer, wie, was, warum? Wir wollen's wissen. Zum Beispiel von Paul, 58, Marketingfachmann.

Paul gehört zu denen, die ihr Leben lang auf konventionelle Anlageformen gesetzt haben und denen Aktien immer ziemlich suspekt waren. Aber weil Aktien seit geraumer Zeit ein Massenthema geworden sind, ist er auch aufgewacht und neugierig geworden. Und wie's der Zufall will, hat er genau zu diesem Zeitpunkt ein paar Aktien geerbt. Das war für ihn ein bequemer Einstieg. Wenn er selbst hätte aktiv werden müssen, hätte er sein ganzes Geld immer noch auf dem Sparbuch oder in der Lebensversicherung.

Seit wann investierst Du in Aktien/Fonds?
Seit Anfang 1999.

Wie und warum bist Du zu dieser Anlageform gekommen?
Ich habe ein Aktienpaket geerbt.

Welche Aktien/Fonds hast Du?
Aktien: zur Zeit alles in Stinnes-Aktien.
Fonds: BfG Internet plus.

Nach welchen Kriterien hast Du die jeweils ausgesucht?
Den Fonds auf Empfehlung meiner Bank. Die Stinnes-Aktie hat mir eine Freundin, die sich gut auskennt, ans Herz gelegt.

Welche Strategie und Zielsetzung verfolgst Du mit Deiner Anlage?
Mittelfristig wären natürlich Gewinne durch Kurssteigerungen schön. Grundsätzlich will ich aber auch meine Bonität und Kreditwürdigkeit bei der Bank verbessern.

Wer verwaltet Dein Depot? Wer entscheidet über neue Investitionen oder Umschichtungen?
Beim Fonds die Bank, ansonsten bei Einzelaktien ich selbst.

Wie und in welcher Intensität informierst Du Dich über die Entwicklung Deines Depots?
Übers Internet bei „entrium.de". Fast jeden zweiten Tag.

Was ist bei Dir gefühlsmäßig passiert, seit Du Dich mit Aktien befasst?
Ich hab mein Leben lang gedacht, wenn man Geld anlegen will, dann geht man zur Bank und die machen das schon irgendwie.
Dann hat sich vor ein paar Jahren ein Vermögensverwalter, an den ich über einen Kollegen gekommen bin, meine Finanzsituation angesehen und mir mit vorsichtiger Stimme erklärt, dass ich bis dahin so ziemlich alles falsch gemacht hatte, was man falsch machen kann. Ich hätte mein Geld auch in den Vorratskeller legen können, damit es sich vermehrt. Aber da war's dann zu spät, um noch grundsätzlich was zu ändern. Durch die kleine Aktien-Erbschaft bin ich dann vor kurzem wieder mit dem Thema in Berührung gekommen. Und da habe ich angefangen, mehr Eigenverantwortung zu übernehmen. Zur Zeit bin ich noch am Üben. Aber ich habe fest vor, nicht mehr blind auf irgendwelche Berater zu hören. Ich such' mir jetzt selber aus, wohin ich gehe, um jemandem mein Geld anzuvertrauen. Und ich werde meine Aktien-Entscheidungen alleine treffen. Mich informieren und vielleicht bei einer Direktbank ein Depot eröffnen. Dann weiß ich wenigstens, dass ich selbst schuld war, wenn's mal nicht gut läuft.

Die Bank: Der Test gibt ihr den Rest

Die Stiftung Warentest hat im Mai des Jahres 2000 den Service der Bankberater auf die Probe gestellt. Sie schickte 38 Mitarbeiter, sozusagen under cover, zu 25 Banken und Sparkassen, um sich dort beraten zu lassen. Das Ergebnis war vernichtend: Nur die BBBank und die Berliner Volksbank schnitten mit „gut" ab. Die meisten Banken bekamen nur ein „ausreichend" oder sogar ein „mangelhaft".

Was ist da schief gelaufen? Fast kein Berater fragte die persönlichen Ziele der vermeintlich interessierten Anleger ab. Wie risikobereit er ist, inwiefern er über angelegte Gelder verfügen können möchte und was er grundsätzlich für Ziele verfolgt mit seiner Geldanlage. Empfohlen wurden dann natürlich auch keine individuellen Anlagemodelle, sondern fast immer Pauschalprodukte wie Dachfonds, mit denen man nicht viel falsch machen kann.
Informationen zu Fonds, die nicht von der Bank selbst aufgelegt werden, wurden nur auf Nachfrage und dann auch nur sehr zögerlich gegeben.
Hoffen wir, dass die Banken da inzwischen etwas nachgelegt haben und etwas kundenorientierter geworden sind.

Bei der Bank

„Ja Frau Stüssel, was darf's denn heute sein? Eine Überweisung vielleicht, oder wollen Sie einen Scheck einreichen? Oder möchten Sie was abheben?" „Nein, heute mal was ganz anderes. Heute bitte ein paar Aktien."

Gut aufgehoben

Wenn es darum geht, wo man sein Aktiendepot eröffnen soll, sind Banken nicht gerade sehr beliebt. Dabei gibt es viele Gründe, die für die Hausbank sprechen. Der wichtigste Punkt ist, dass man dort schon bekannt ist und dass man sowieso schon ein Konto da hat. Und vor allem, dass man nicht allein gelassen wird, sondern Fragen stellen kann und einen festen Ansprechpartner hat.

Der Kundenberater steht für ein Gespräch bereit. Und das sollte man besonders als Einsteiger auch in Anspruch nehmen. Der Berater kann mit einem Blick in den Computer nachvollziehen, wie die finanzielle Situation seines Kunden ist. Also meine. Wie sie sich in den letzten Jahren entwickelt hat, welche Verpflichtungen ich monatlich habe und welchen finanziellen Spielraum.

Wer bei der Hausbank ein Depot eröffnen will, der ist kein Bittsteller, selbst wenn er auf dem Girokonto im Minus ist oder einen Kredit laufen hat. Also darf er auch ein freundliches und ausführliches Beratungsgespräch erwarten. Und zwar eins, das sich auf die ganz persönliche Situation bezieht. Man sollte sich vorher alle Fragen und die Informationen, die man haben möchte, aufschreiben. Wer das schwarz auf weiß mit dabei hat, tut was dagegen, dass das Gespräch nicht in Standardfloskeln endet.

Und weil ich dort schon seit Jahren Kunde bin, drückt die Hausbank auch eher mal ein Auge zu, wenn ich durch Umschichtungen im Depot kurzfristig ins Minus rutsche. Und falls mal ein größerer Kredit ansteht, für ein Auto oder so, dann gilt das Aktiendepot der Bank als Sicherheit, was die Kreditverhandlungen doch sehr erleichtert.

Natürlich sind auch die von der Hausbank keine Samariter in Sachen Aktien, aber für das Aktiengeschäft gilt wie für andere Geschäfte auch: Der Mensch macht's. Und je besser man sich kennt, desto verantwortungsvoller geht man miteinander um.

Das kann teuer werden

Gegen das Depot bei der Hausbank spricht: Nirgends zahlt der Anleger höhere Gebühren als bei der Bank! 0,06 Prozent vom Kurswert der Aktien, die man kauft oder verkauft, gehen im Durchschnitt als Makler-Courtage weg. Und außerdem dann nochmal zwischen 0,5 und 0,8 Prozent des Kurswertes aller Aktien für die Depotgebühr.

Aber das ist noch nicht alles. Für den Kauf oder Verkauf von Aktien verlangen die meisten Banken eine Mindestgebühr – eine Provision – von rund 25 Euro (50 Mark). Manche auch nur 15, aber es gibt auch welche, die nehmen 30 Euro.

Die maximale Provision ist ein Prozent des Kurswertes. Das heißt also, dass man bei einem Aktienkauf mindestens für 2 500 Euro (5 000 Mark) investieren muss, damit die Mindestgebühr von 25 Euro abgefangen wird.

Das ist eine Menge Geld auf einmal. Wer nur mit 500 Euro (1 000 Mark) ins Rennen geht, der muss schon eine ordentliche Kurssteigerung haben, damit die Gebühren den Gewinn nicht auffressen oder einen sogar in die Verlustzone bringen. Schließlich werden die beim Verkauf ja wieder fällig. Auf jeden Fall sollte man ein bisschen handeln, wenn es um die Gebühren geht. Irgendwas ist immer drin, vor allem wenn man schon lange guter Kunde ist.

Am wenigsten fallen die Gebühren ins Gewicht, wenn man seine Aktien schön lange liegen lässt. Die Börsianer haben da eine Redensart: Hin und her macht die Taschen leer. Wie wahr! Das gilt übrigens auch für die Steuern (mehr dazu ab Seite 126), die anfallen, wenn man vor Ablauf der Jahresfrist mit Gewinn verkauft.

So viel Service muss sein!

Geht man als Neu-Aktionär zur Bank, ist man leider auf die offiziellen Geschäftszeiten beschränkt. Es gibt zwar meistens einen Telefonnotdienst, der auch zu anderen Zeiten besetzt ist. Der wird aber meist nur Großanlegern zur Verfügung gestellt. Während der normalen Öffnungszeiten staut sich deshalb natürlich alles. Man ruft an, um einen Kauf in Auftrag zu geben – und hängt erst mal fest in der Warteschleife. Dieses Problem explodiert speziell bei Neuemissionen, für die vorher kräftig die Werbetrommel gerührt worden ist. Da stürmen dann Tausende von Interessenten die Bank und wollen zeichnen. Entnervte Bankberater drohten schon mal mit Kündigung für den Fall, dass sie noch einmal das Wort „Infineon" hören müssen. Infineon ist ein Unternehmen, das Halbleiter herstellt und dessen Aktien 2000, im Jahr des Börsengangs, nach einer enormen Werbekam-pagne schnell nirgends mehr zu haben waren. Es ist als Synonym für überzeichnete Aktien in die Wirtschaftsgeschichte eingegangen.

Die Alternative zum Telefonanruf ist das Fax. Aber das bedeutet natürlich ein bisschen mehr Mühe, und auch heutzutage hat eben nicht jeder ein Fax. Und wofür zahlt man der Bank eigentlich die hohen Gebühren!!! Man kann sich also mit dem allerbesten Gewissen beschweren, wenn das mit dem Telefon nicht so klappt, wie man es will. Schließlich ist man absolut darauf angewiesen, bei genau dieser Bank seine Kaufaufträge loszuwerden. Und wenn das dann nur mit stundenlangen Verzögerungen möglich ist, kann das bei Aktien, die innerhalb eines Tages heftige Kursschwankungen haben, ziemlich unangenehm sein.

Was ich als Kunde auch wirklich erwarten darf, ist, dass die Bank mir regelmäßig Informationen zukommen lässt. Über interessante Neuemissionen, Geschäftsberichte von Firmen, in die man investieren könnte oder schon investiert hat. Auch Analysen, Charts und Infos vom bankeigenen Börsendienst sind gut.

Klar – die Wertpapierberater bei der Bank kennen sich gut aus. Aber sie haben möglicherweise auch Eigeninteressen, die sich vielleicht nicht immer mit denen des Anlegers decken müssen. Vielleicht wollen sie spezielle Aktien – aus welchen Gründen auch immer – loswerden. Man sollte sich also besser nie auf Gedeih und Verderb dem Urteil des Beraters ausliefern. Wenn er einen Tipp abgibt, dann lieber immer selber gegenprüfen, ob was dran ist. Und wenn man kein so gutes Gefühl hat, einfach ignorieren. Die Verantwortung für sich selber wird man nicht los – auch nicht an den besten Bankberater aller Zeiten.

Wer zahlt, sagt an

Man kann selber festlegen, zu welchen Konditionen eine bestimmte Aktie von der Bank erworben werden soll. Da gibt es zwei Möglichkeiten. Wenn man sagt „billigst", dann heißt das, dass die Aktie zu egal welchem Preis, aber auf jeden Fall sofort gekauft werden soll.
Das könnte vielleicht riskant werden – wer weiß, wie sich der Kurs in den nächsten Minuten noch entwickelt. Das macht man nur, wenn man unbedingt diese eine Aktie haben will und keine andere.

Wer aber bereit ist abzuwarten, der kann auch ein „Limit" setzen. Also einen definierten Höchstkurs, zu dem die Aktie gekauft werden soll. Normalerweise sind solche Aufträge zeitlich begrenzt, in der Regel auf einen Monat. Wenn der Kurs innerhalb dieser Zeit nicht unter das gesetzte Limit fällt, wird die Bank die Aktie nicht kaufen. Das ist sicher die kontrolliertere Methode.

Ich bin lieber ganz direkt

Keine Fragen, keine Antworten, keiner zu sehen ... Kein Problem! Geh'n wir zur Direktbank.

Da muss ich nicht hingehen

In den letzten Jahren haben sich Direktbanken und Discount-Brokerfirmen auf dem Markt weit verbreitet. Diese Direktbanken sind meistens Ableger der großen etablierten Banken. Auch sie tun nichts anderes: Sie vermitteln Aufträge für Aktienkäufe und sie bieten Fonds an. Aber: Sie sind billiger!

Oft sind hier sogar ganz besonders viele kleine Privatanleger Kunden. Die großen Unternehmen lassen ihre Börsendeals nämlich lieber bei den traditionellen Banken laufen, weil ihre ganzen Geldangelegenheiten dort meist schon sehr lange und in unterschiedlichen Bereichen verwaltet werden.

Aller Antrag ist schwer

Wer bei einer Direktbank ein Depot eröffnen möchte, muss zunächst mal durch einen Wust von Antragsformalitäten durch. Das kann man direkt via Internet machen. Es ist ein bisschen kompliziert. Aber da man bei der Direktbank, im Gegensatz zur Hausbank, ja noch ein totaler NoName ist, müssen die sich absichern. Damit niemand im Namen eines anderen irgendwelche Geschäfte machen kann, ist die Anmeldung bei der Direktbank mit einer gründlichen Sicherheitsüberprüfung verbunden. Bei allen Transaktionen muss sich der Kunde grundsätzlich immer mit Namen, Kontonummer und Geheimwort ausweisen. Und weil Kauf- und Verkaufsorder per Telefon oder online durchgegeben werden, ist das ja auch ein Schutz für den Anleger.

Den Depotantrag lädt man sich aus dem Internet herunter, druckt ihn aus und füllt ihn aus. Die wollen wirklich ganz schön viel wissen! Wie viel Geld man so hat, wie gut man sich in den verschiedenen Anlagebereichen auskennt, ob man eher was riskiert oder doch lieber auf Nummer Sicher geht. Man kann auch gleich eine Depotvollmacht geben. Und den berühmten Freistellungsauftrag mit ausfüllen, der verhindert, dass sich Vater Staat gleich seine Anteile am Gewinn abholt (mehr zum einerseits langweiligen, andererseits superwichtigen Thema Steuern steht ab Seite 126).

Mit den kompletten Unterlagen und dem Personalausweis in der Tasche marschiert man dann zur Post. Die prüft und bestätigt die Identität des Neukunden. Zusammen mit den Unterlagen geht diese Bestätigung dann per Post zur Direktbank.

Das alles wird auf den Internetseiten sehr ordentlich erklärt, und man kann es sich in aller Ruhe durchlesen (⇢ Seite 114).

Der Preis ist zwar heiß ...

Unschlagbar sind die Direktbanken und Discount-Broker beim Thema Gebühren. Denn da zahlt man nur zwischen 0,1 und 0,5 Prozent für Provision und Maklercourtage zusammen. Also viel weniger als bei der Hausbank. Auch hier sollte man unbedingt Preisvergleiche machen und auf jeden Fall

mal mit der Direktbank über ihre Konditionen reden – vor allem, wenn man etwas mehr Geld anlegen will. Für jeden, der Lust hat, mit seinen Aktien ein wenig zu jonglieren, der öfter mal kaufen und verkaufen möchte, fällt das stark ins Gewicht!

... aber helfen muss ich mir selbst

Warum gibt es dann Leute, die weiterhin zu den normalen Banken gehen? Weil auf dieser Welt nichts umsonst ist. Dass die Direktbanken so supergünstig sind, hat einen einzigen Grund: Sie bieten null Beratung. Von Anfang an ist man dort auf sich gestellt. Die Direktbank-Mitarbeiter machen nur, was man ihnen sagt. Sie hinterfragen nicht, sie geben keine Ratschläge, sie sind reine Vermittler zur Börse. Man sieht sie ja auch nicht. Höchstens hört man mal eine Stimme am Telefon.

Deshalb sind Direktbanken für denjenigen eine super Alternative, der genau weiß, was er will, sich auskennt und schon etwas Erfahrung hat im Aktienhandel. Keine gute Sache sind Direktbanken für alle, die noch ein wenig Anleitung brauchen. Oder sich irgendwann mal darüber unterhalten möchten, ob eine Depotumschichtung sinnvoll ist. Oder sich einen individuellen Spar- oder Auszahlungsplan erstellen lassen wollen, oder ...

Gerade als Anfänger ist es schlauer, sich erst mal einzuarbeiten in das Thema. Und wenn man das Gefühl hat, sich schon relativ sicher in der Welt der Börse zu bewegen, dann kann man immer noch zu einer Direktbank gehen. Wer schon ein Depot bei seiner Hausbank hat – kein Problem. Wenn der Tag X gekommen ist, geht man einfach zur Hausbank und sagt denen, dass der Inhalt des Depots zum neuen Depot bei der Direktbank rübertransferiert werden soll.

Ein weiterer Vorteil sind die Öffnungszeiten. Wenn die Hausbank schon dichtgemacht hat, sind die Direktbanken noch lange offen. Der Vorteil ist dabei, dass sich die Kundenanfragen so zeitlich stärker entzerren als bei der Hausbank. Dort versucht natürlich jeder, während der leider recht mageren Öffnungszeiten durchzukommen. Und das klappt oft nicht besonders gut. Die meisten Direktbanken dagegen sind bis 22 Uhr telefonisch erreichbar. Wer es nicht lassen kann und auch nachts noch börsenaktiv sein möchte, der macht das einfach online (wie das genau geht, steht auf Seite 114/115). Das Internet kennt keinen Feierabend.

In aller Kürze

Hier ist eine Liste von kleinen, wendigen U-Booten, die die großen Bank-Tanker von sich abgekoppelt haben. Denn was man nicht vermutet – die ganzen jungdynamischen Direktbanken sind keine eigenständigen, selbstgemachten Companies, sondern die haben durchaus ihre althergebrachte stabile Großbank im Rücken. Und damit auch deren Know-how. Gut für den Anleger!

Normale Bank	Direktbank
Commerzbank	Comdirect
Deutsche Bank	Bank24
Dresdner Bank	Advancebank
HypoVereinsbank	Direkt Anlage Bank
Schmidtbank	Consors

Basic Tipp

Wer Aktien als langfristige Vermögensanlage sieht, der kann genauso gut zu seiner Hausbank gehen. Für den, der nicht laufend kurzfristig Kursgewinne realisieren oder immer wieder neue Aktien ins Depot holen möchte, bietet die Direktbank nämlich kaum Vorteile.

Makeln, das schnelle Geschäft

Jung oder alt. Attraktiv oder naja. Im Anzug oder in Jeans. Mit Krawatte oder ohne. Börsenmakler sind alle unterschiedlich. Nur eins ist bei allen gleich: Sie leben in einer anderen Galaxie als wir. Und darum haben wir mal einen besucht und ihn gefragt, was er so macht.

Ein Beruf wie jeder andere?

Ein Besuch an der Börse ist wie die Reise auf einen anderen Stern. Eigentlich ist dieser Job ja gar nicht so viel anders als andere. Hier werden Geschäfte gemacht, es wird gekauft und verkauft. Aber trotzdem unterscheidet sich der Arbeitsplatz Börse in vielen Dingen von allem, was man sonst so kennt.

Zum Beispiel das Arbeitsplatzumfeld. Es ist ein einziger großer Raum, in dem viele Menschen an Tresen hinter ihren Computern sitzen. Ein typisches Großraumbüro? Nein! Hier gibt es keine Trennwände, der Raum ist so hoch wie das ganze Gebäude, also zehn oder zwanzig Meter hoch. Alles ist verglast. Jeder hat jeden im Blick. Das war so gewollt und auch notwendig. Denn früher, als die Makler sich noch mit Handzeichen verständigt haben (wie die aussahen und was sie bedeuten, steht auf der hinteren Klappe), musste Sichtkontakt jederzeit möglich sein. Aber heute, wo alles über Computer läuft, wirkt das befremdend. Fast wie eine Geisterstadt. Oder wie eine Filmkulisse, in der nur noch ein paar Statisten herumstehen, weil der Drehtag eigentlich schon abgeschlossen ist.

Aber die Dynamik, die hier herrscht, ist anders. Sie ist total spontan und veränderlich.

Wenn nicht so viel los ist, sich bei den Kursen wenig bewegt, dann herrscht eine merkwürdige Ruhe. Nie aber Entspannung. Alle machen immerzu den Eindruck, als ob sie auf etwas warten. Tun sie natürlich auch. Es ist wie die Ruhe vor dem Sturm, fast unnatürlich ruhig. Wie in einem surrealen Gemälde. Wenn die Kurse stark in Bewegung geraten, ist sekundenschnell die Hektik da. Hochkonzentriert und wie in einem Bienenstock geht's dann zu. Die Luft vibriert, man kann das Adrenalin fast riechen. Der eine starrt nur in seinen Bildschirm und hackt unaufhörlich wie ein Roboter Informationen in den Computer. Ein anderer rennt hektisch von Tisch zu Tisch und redet auf Kollegen ein, der nächste brüllt ins Telefon. Und plötzlich, von einer Sekunde zur anderen, ist alles vorbei. Und die Geisterstadtatmosphäre liegt wieder über dem Raum.

Es kommt einem dann herrlich normal vor, wenn man einen Makler mit einem Tässchen Kaffee in der Hand zu einem Kollegen marschieren sieht. Auf einen netten Plausch zwischendurch. Das kennt man doch. Die Kaffeepause. Die gibt's schließlich überall auf der Welt an fast jedem Arbeitsplatz.

Vielen Dank für das Gespräch!

Ein gediegenes Palais am Lenbachplatz beherbergt die Börse in München. Innen drin ist es kühl, geschäftig, konzentriert. Keine

Sessel, Sitzgruppen oder gar Grünpflanzen, die etwas Behaglichkeit ausstrahlen könnten. In den Büroräumen, die von den Galerien um den Börsensaal herum erreicht werden, haben sich Maklerfirmen eingemietet. Eine davon ist die Gebhard & Schuster Wertpapierhandelsbank. Sehr hilfsbereit und freundlich empfängt uns Vorstandsmitglied Michael Gebhard, in funktionalem Ambiente. Man spürt, hier geht es nicht ums Repräsentieren – hier wird gearbeitet.

Die praktische Einrichtung, die nichts Überflüssiges zulässt, räumt mit einigen schiefen Bildern auf, die in der Öffentlichkeit kursieren. Zum Beispiel mit der Vorstellung, alle Börsenmakler seien vielfache Millionäre und von Luxus umgeben. Dabei ist es bei den Maklern nicht viel anders als bei anderen Berufen auch. „Die Börse bietet allen die Möglichkeit, viel Geld zu verdienen. Aber auch bei uns ist nur der erfolgreich, der seinen Job überdurchschnittlich gut macht,“

erklärt uns Gebhard. Das Klischee vom Porsche fahrenden Broker komme daher, dass die Leute ihre Meinung über die Medien bilden. „Und die berichten natürlich nur über Stars. Ganz normale Händler mit Durchschnittsverdienst sind für die Medien halt uninteressant."

Wir wollen wissen, wie das mit dem Neid ist im Maklergewerbe. Ist die Börse ein Haifischbecken? Auch das, so betont Gebhard, sei ein

vor allem in Hollywood erzeugtes Vorurteil. „Wir gehen professionell miteinander um. Das unterscheidet uns in nichts von anderen Branchen." Der Neid werde eher von außen an die Börsenmakler herangetragen. Weil nämlich alle denken, dass das ein Millionärs-Club sei.

Der Chef von Gebhard & Schuster beantwortet unsere Fragen mit viel Entgegenkommen. Innerlich aber – das spüren wir – ist er schon wieder ungeduldig, auf dem Sprung und will endlich weiterarbeiten. So muss er sein, ein waschechter Makler.

Letzte Frage: „Herr Gebhard, sind Sie ein Adrenalin-Junkie?" „Ein bisschen schon," räumt er ein. „Man ist positiv angespannt, kommt ins Schwitzen. Eine Flut von Infos stürmt auf einen ein. In Bruchteilen von Sekunden muss man Entscheidungen treffen. Das geschieht auch oft sehr intuitiv." Mit einer Buchhaltermentalität sei das ganz und gar nicht zu machen. Allerdings müssen selbst Börsenmakler mal durchatmen, zum Beispiel mal ein paar Runden im Grünen drehen . Doch nur ganz kurz, höchstens eine halbe Stunde. Und dann geht es auch schon wieder weiter.

Beim Fondsshop

Fonds, Fonds und nochmal Fonds. Und sonst nix. Macht aber gar nix! Hier kauf´ich mir was Schönes.

Ein oder ein paar Fonds im Depot machen Sinn (→Seite 78-79). Das haben wir hier schon mal rausgefunden. Und da gibt es jetzt seit einigen Jahren was wirklich Tolles. Nämlich sogenannte Fondsshops. Sie bieten im Gegensatz zu Banken ein viel größeres Angebot. Unter Hunderten von unterschiedlichen Fonds kann man da wählen. Den Fondsshops gehören die Fonds selber nicht, wie es bei den Banken der Fall ist. Die Fondsshops vertreiben die Fonds nur – an dich und an mich und an unsere seltsamen Nachbarn mit den Gartenzwergen. Hier marschieren wirklich vom Studenten bis zum Porschefahrer alle möglichen Menschen rein und bummeln sich mit dem Berater zusammen durch das breite Angebot.

Unabhängig, unparteiisch

Plötzlich wird einem überhaupt mal klar, dass das mit den Fonds eigentlich genauso facettenreich und vielfältig ist wie mit Aktien. Und da die Fondsshops nur vermitteln und keine eigenen Fonds haben, sind sie natürlich auch viel objektiver in ihrer Beratung und Empfehlung. Je nach Portemonnaie, Neigung und Risikobereitschaft stellt der Fondsshop-Berater einem die optimale Fonds-Anlagestrategie zusammen.

Wie der Name schon sagt, bieten diese Läden ausschließlich Fonds an. Einzelaktien kann man hier nicht erwerben. Aber weil die Gebühren eines Fondsshops so supergünstig sind, kann man dort ruhig ein Zweitdepot nur für seine Fonds anlegen. Auch wenn man seine Aktien bei der Bank, der Direktbank oder beim Discount-Broker deponiert hat.

Mit Scharfblick

Weil sich die Fondsshops von morgens bis abends nur um Fonds kümmern, haben sie hier natürlich ein besonderes Know-how. Betritt man morgens einen dieser Läden, die im Schaufenster rein gar nichts ausstellen, ist es fast unheimlich ruhig. Alle Berater machen ihre Hausaufgaben und recherchieren den Stand des Tages. Die neuesten Nachrichten und Infos aus Tageszeitung, Fax und Internet werden begutachtet und ausgewertet. Fondsgesellschaften und ihre Fondsmanager schicken täglich Belege ihrer Performance rein, erklären Ups oder Downs ihrer Angebote. Geben einen Ausblick oder präsentieren neue Strategien, die sie für ihre Fonds planen. Auch die jeweiligen Manager der Fondsgesellschaften werden vom Shop-Berater genau unter die Lupe genommen. Hier ist der Kontakt zwischen dem Fondsmanager und dem Fondsshopberater oft sehr eng. Man kennt sich, manchmal schon Jahre, und kann sich gut einschätzen.

Deshalb kann im Gegensatz zum Privatanleger der Berater eines Fondsshops einen Fondsmanager und seine Fähigkeiten messerscharf analysieren und beurteilen. Einen Fonds, der von einem Manager, von dem der Berater keine gute Meinung hat, betreut wird, wird er mit der entsprechenden Vorsicht betrachten – oder ihn gar nicht erst vertreiben. Wenn von den Fonds, den der Fondsshop anbietet, einer plötzlich mal absackt, dann wird sich der Berater sofort ans Telefon hängen und den Manager zur Rechenschaft ziehen. Warum? Wieso? Was ist da los? Was wollt ihr dagegen unternehmen? Wie ist die Strategie? Denn schließlich steht irgendwann der Kunde, der sein Geld in den Fonds gesteckt hat, vor seinem Schreibtisch und fragt ihn genau dasselbe.

In aller Kürze

Es gibt inzwischen einige gute Fondsshops in Deutschland, die ein wesentlich breiteres Fonds-Spektrum bieten als die meisten Banken. Hier als Beispiel zwei renommierte Companies:

FondsKapital
Infos unter: www.fonds.de

GeldanlageCentrum
Infos unter: www.geldanlage-centrum.de

Offen für ...

Ob kleines Geld, ob großes Geld – im Fondsshop ist beides willkommen. Man kann zum Beispiel mit einer einmaligen Zahlung von 500 Euro einsteigen, aber auch schon mit Monatsbeträgen in Höhe von 50 Euro.

Offen sind die Fondsshops auch für alle Arten von Fragen. Das liegt in der Natur der Sache. Denn der Fondsshop verkauft ja nicht sein eigenes Produkt, sondern ist hauptsächlich Berater. Und darin ist er gut. Die Berater sind geduldig, kompetent und bereit, auch mal längere Beratungsgespräche zu führen. Also muss man sich überhaupt nicht genieren, ganz dämliche Fragen zu stellen. Oder superpingelig zu sein. Das kann man ja bei der Entscheidung für den richtigen Fonds sowieso gar nicht genug sein. Aber keine Bange – der Berater zeigt einem genau, warum er einen Fonds empfehlen würde und warum einen anderen nicht.

Er erstellt Charts, anhand derer man den Fondserfolg oder -misserfolg der letzten Jahre, Monate oder Tage präzise nachvollziehen kann, stellt das in Relation zum Dax oder Dow Jones. Damit kann man dann sehen, ob der Fonds besser oder schlechter als die Summe der stärksten Aktienwerte des jeweiligen Landes abgeschnitten hat. Denn wenn man schon auf den möglichen spontanen Kurserfolg von Einzelaktien verzichtet, sollte sich der Fonds nicht schlechter als der Dax entwickeln, oder zumindest in Relation dazu.

Der Berater weiß genau, warum ein Fonds in welcher Zeit gut oder schlecht gelaufen ist. Das heißt, er schaut niemals nur auf die reinen Zahlen, sondern immer auch auf die Hintergründe. Was die Branchen betrifft, die in dem Fonds sind, was den Manager angeht, der ihn verwaltet und was sonst noch alles so auf Aktienkurse einwirkt. Er tut eben alles, um seinem Kunden ein sehr umfangreiches und vollständiges Bild zu geben. Denn der Fondsshop will nicht nur das schnelle Anlagegeld aus dem Kunden rausholen. Er hat ein ganz anderes Geschäftskonzept. Er ist grundsätzlich immer an einer langjährigen Geschäftspartnerschaft interessiert. Und dafür braucht es Vertrauen und Miteinander. Darauf setzt also der Fondsshop-Berater.

Und auch ein bisschen zugeknöpft

Nicht besonders offen sind Fondsshops aber für Anleger, die spontan und dauernd ihre Anlagen umschichten wollen. Die heute mal einen Internetfonds kaufen und morgen wieder verkaufen wollen, weil sie von einem tollen Logistikfonds gehört haben, den sie dann wiederum kaufen möchten. Da ein Fonds ja seine Finanz- und Renditekompetenz meistens erst auf Dauer gesehen so richtig beweist, lohnt es sich auch nicht besonders, ständig von einem Fonds in den nächsten zu springen. Was aber überhaupt nicht heißt, dass man nicht immer wieder neues Geld in seine bestehenden Fonds stecken kann und auch andere, neue Fonds in sein Depot dazunehmen kann.

Aber mit Fonds genau so wie mit kurzfristig angelegten Einzelaktien zu verfahren, wird als unrentabel für den Kunden abgelehnt. Es würde natürlich auch ein ganz anderes Engagement für den Berater bedeuten. Auch er müsste viel mehr springen, Kauf- und Verkaufsdeals händeln. Und so funktioniert das Fondsshop-System eben nicht. Deshalb empfiehlt in so einem Fall der Berater dem Kunden, lieber in Aktien statt in Fonds zu investieren und schickt ihn sehr höflich, aber auch sehr bestimmt zur Bank oder zum Discountbroker.

Immer am Ball mit Xetra

Ein Börsenmakler ist auch nur ein Mensch. Also manchmal müde. Und er braucht regelmäßig was zu essen, hat ab und zu Kopfschmerzen oder schlechte Laune, will sogar mindestens einmal im Jahr Urlaub machen. Xetra nicht!

Die virtuelle Börse

Xetra ist keine Amazonenkriegerin, keine Stellung aus dem Kamasutra und auch nicht Petra mit Sprachfehler ausgesprochen. Xetra ist ein Computersystem. Ein ganz schlaues. Es kann viel, was auch ein Börsenmakler kann – nämlich Aktien handeln. Weil Xetra aber nicht in den Urlaub fährt, will es nicht so viel Geld dafür. Die Maklercourtage von durchschnittlich 0,06 Prozent entfällt also. Allerdings nicht die Kosten für die Depotbewegung.

In Xetra werden Kauf- und Verkaufsaufträge eingegeben und ausgeführt. Prima, dann braucht man ja gar keinen Bankmenschen, Discount-Broker oder sonst einen Börsianer, oder? Die oberflächliche Berichterstattung in den Zeitschriften lässt einen das zumindest oft glauben. Wenn man dann zum Computerladen geht und „Einmal Xetra, bitte" sagt, dann merkt man schnell, dass das so einfach leider doch nicht ist.

Denn als Privatanleger kann man Xetra nicht selber nutzen. Wie wir ja wissen, darf in Deutschland überhaupt kein Privatanleger selbst an die Börse gehen. Es braucht immer einen Mittelsmann.

Den stellt die Bank. Der Bankberater kann aber seine Börsengeschäfte über Xetra abwickeln und damit den Makler und seine Gebühren einsparen. Er tut das auch für uns Kleinanleger.

Der besondere Vorteil an Xetra ist, dass das Computersystem sofort und ohne jede Verzögerung reagiert. So richtig in Echtzeit – im Unterschied zum Beispiel zu den Internet-Angeboten beim Online-Aktienhandel (mehr dazu auf Seite 114/115).

Bei Xetra gibt es aber auch eine Zwei-Klassen-Gesellschaft. Mit festen Regeln für den Kleinanleger: Wer hier Dax-Werte kaufen oder verkaufen will, der muss mindestens 100 Aktien in Auftrag geben. Dann erfolgt die Abwicklung sofort. Wer weniger ausgeben – im Fachjargon heißt es vornehmer: bewegen – will, der muss auf eine der Xetra-Auktionen warten. Die finden täglich einmal morgens, einmal mittags und einmal nachmittags statt. Dort werden dann die Orders mit kleinerer Stückzahl ausgeführt.

Das 100-Aktien-Limit ist allerdings umstritten. Es kann sein, dass es irgendwann wegfallen oder zumindest reduziert werden soll.

Der virtuelle Börsenmakler

Auf der elektronischen Plattform Xetra werden die eingehenden Kauf- und Verkaufsangebote aufgelistet. Wer zuerst kommt, mahlt zuerst. Denn im Computersystem werden die Angebote nach zeitlichem Eingang erfasst und auch in dieser Reihenfolge bearbeitet.

Wenn der Bankberater von Justus gerne 150 Siemens-Aktien kaufen und der von Maria 150 Siemens-Aktien verkaufen möchte, dann schafft Xetra die Verknüpfung dieser beiden Anfragen. Justus wird stolzer Besitzer von Marias Aktien.

Falls aber außer Justus auch noch Maria und Valeska den Auftrag gegeben haben, 150 Siemens-Aktien zu kaufen und diese drei Anfragen gleichzeitig im Xetra eintrudeln – was dann? Entscheidet Xetra dann nach Sympathie oder dealt mit Maria aus, dass es jedem der Kaufinteressenten 50 Stück gibt? Nein, in diesem Fall muss dann eben doch wieder der Mensch ran. Die Xetra-Betreuer stehen dafür gerade, dass jeder Auftrag erfüllt werden kann – genauso, wie das ein Makler tun muss. Wenn also Maria, Justus und Valeska jeweils 150 Aktien haben wollen, dann kriegen sie die auch. Der Betreuer sorgt dafür und garantiert, dass jeder das bekommt, was er will. Aber er entscheidet, in welcher Reihenfolge er die Aufträge bearbeitet. Der Mensch ist also doch noch nicht ganz überflüssig.

Virtuell abgesichert

Bei den Dax-Werten müssen also mindestens 100 Stück in Auftrag gegeben werden. Wenn man jetzt 199 kaufen möchte, dann geht das aber auch nicht so einfach. Denn wenn es mehr als 100 sind, dann darf das nicht irgendeine krumme Zahl, sondern muss ein Vielfaches von 100 sein. Bei 199 werden 100 ausgeführt und der Rest – die 99 weiteren – gilt als Teilauftrag und wandert in die nächste Auktion. Und dann werden leider noch mal Gebühren fällig. Wer das vermeiden möchte, der muss ganz James Bondmäßig „Fill-or-Kill“ zu seinem Bankberater sagen.

Dann wird der Auftrag nämlich entweder als Ganzes ausgeführt oder, wenn das unmöglich ist, nicht gesplittet, sondern komplett gestrichen. Damit spart sich der gewiefte Aktionär die Gebühren, die durch das Auftragssplitting entstehen können.

Das läuft dem Xetra-Konzept auch nicht völlig entgegen. Denn man will ja gerade Geld sparen und unnötige Kosten vermeiden.

Übrigens! Die nicht anfallende Maklerprovision sollte fairerweise dem Anleger gutgeschrieben werden. Außerdem spart sich der Bankberater durch die Eingabe des Auftrags in das Xetra-System ja auch eine Menge Arbeit. Die Bank erhebt die Gebühren aber gerne trotzdem. Weil der durchschnittliche Bankkunde auch einfach nicht weiß, wie das mit den Kauf- und Verkaufs-Orders so läuft bei der Bank. Ob via Telefon oder Fax oder Xetra oder wie. Also ruhig bei der Bank nachfragen, inwiefern Xetra eingesetzt wird! Und wenn der Berater dann sagt, dass sie dieses System nutzen, kann man wunderbar das Gebührenthema zur Sprache bringen und eine Gebührenreduzierung einfordern, wenn man seine Börsengeschäfte via Xetra erledigen lässt.
Da die Banken mehr als früher miteinander konkurrieren, kann es gut sein, dass sie dem Kunden mehr entgegenkommen, als der es meist erwartet. Nix ist fix – auch nicht bei Gebühren, auch nicht bei der Bank.

Basic Tipp

Ja, ja. Auch Bänker sind nicht heilig. Das stellte sich vor einiger Zeit heraus. Weil man ja bei Xetra so schön sehen kann, wer welche Aktien kaufen will, wurde da ganz schön gemogelt. Und das ging so: Ein Anleger erteilt einen unlimitierten Auftrag. Das heißt, er will soundsoviele Aktien kaufen, und zwar ohne Preisbegrenzung. Dann kann es passieren, dass eine Bank das sieht und einfach schnell diese Aktien zum Verkauf ins System stellt. Das wäre gerade noch in Ordnung. Nicht mehr in Ordnung ist es, wenn sie es zu einem höheren Kurs tut, als die Aktie eigentlich gerade wert ist. Das ist möglich, denn der Computer führt den Deal ohne Rücksicht auf Verluste aus. Und der Anleger schaut schön blöd. Also niemals ohne Preislimit agieren! Aber das ist sowieso etwas, was man im Leben immer tun sollte.

Einfach? Online?

Ich bin modern, ich bin so cool, ich bin vorne dran, ich bin so clever, ich bin schnell - denn ich bin online.

Der Trick mit dem Klick

Irgendwie hat man ja das Gefühl, Aktien und Internet passen ganz gut zusammen. Beides ist schnell, modern und virtuell. Online-Banking gibts ja auch schon länger. Warum eigentlich nicht Aktien via Internet kaufen? Und für alle, die ihr Depot sowieso bei einem Discount-Broker oder bei der Direktbank haben, bietet sich Online-Broking natürlich an.

Was gibt's zu sehen?

Wenn schon online, denn schon. Also erst mal gründlich Informationen besorgen. Und rausfinden, welches der vielen Direktbank-Internetangebote einem am besten taugt. Eine wichtige Grundlage für einfaches Online-Broking ist die bedienerfreundliche Gestaltung der Internetseite. Sie muss übersichtlich sein, sie muss mir logisch im Aufbau und in der Menüführung vorkommen, sonst gewöhn ich mich nie daran und nutz es nicht. Und hier scheiden sich schon die Geister. Der eine hat es lieber so, der andere eben lieber anders.

Grundbedingung: Die Internetseite muss auf jeden Fall Kurs- und Chartdarstellungen anbieten. Man gibt dafür den Namen der Aktie, für die man sich interessiert, in die Suchmaschine der Direktbank ein. Dann öffnet sich ein Chart, das den Kursverlauf zeigt – im letzten Vierteljahr, im letzten Monat oder am selben Tag. Den ganz aktuellen Kursverlauf kann man auch in der sogenannten Watchliste verfolgen.

Natürlich sollten jede Menge Börsen- und Firmeninformationen verfügbar sein. Auch über die jeweilige Firma, an der man interessiert ist. Manche Webseiten schicken einen auf eine Hyperlink-Reise zu den WWW-Sites anderer Anbieter, wo mehr Infos zu finden sind – weil sie selber keine Recherche betreiben oder keine bereitstellen.
Das ist schon o.k., aber gut ist es nur, wenn man mit einem Klick wieder zurück kann auf die Seite, von der man gestartet ist. Denn es ist echt mühsam, immer wieder aufs Neue die Internetadresse seines Online-Brokers eingeben zu müssen.

Bitte keine Umstände!

Was auch noch wichtig ist, ist die Technik. Das heißt konkret – die Geschwindigkeit und Zuverlässigkeit. Klar, die hängt von vielen Faktoren ab, vom Computer und seiner Leistung, vom Angebot der Direktbank oder von der Leistungsfähigkeit des Internet-Providers. Aber wenn es bei einem dieser Faktoren hapert, dann kann es leider finster werden beim Online-Broking. Man muss mit endlosen Wartezeiten rechnen, bis sich überhaupt erst mal eine Seite aufbaut. Wer hier Geduld beweist, wird aber oft nicht belohnt, denn die Seitendarstellung kann durchaus auch mal unvollständig sein. Und das betrifft nicht irgendwelche überflüssigen Bilddetails. Sondern allen Ernstes – man wagt kaum, das hinzuschreiben – auch schon mal die Anzeige über Kontostand und Depotübersicht. Das kann bedeuten, dass man nicht genau weiß, wie der Wert des Depots ist oder wie viel Geld man noch auf seinem Konto zur Verfügung hat, um zu handeln. Deswegen empfehlen wir übrigens, sich Kontostand und andere Basics immer ganz traditionell per Ausdruck zuschicken zu lassen.

Auch der Rechner stürzt durchaus mal ab oder die Seiten brauchen lange, um sich aufzubauen. Aber im Großen und Ganzen geht's. Klar – so richtig komfortabel ist es nicht.

Aber auch, wenn man mit einer ganz traditionellen Bank zusammenarbeitet, hat man so seine Probleme: Da ist der Berater nicht erreichbar, und man hängt ewig in der Telefonwarteschlange. Da geht das im Internet letztendlich doch schneller.

Oder die Bank will plötzlich – zusätzlich zu den im Vergleich zum Internet-Broking sowieso höheren Gebühren – auch noch unberechenbarerweise die Beratung berechnen. Alles schon vorgekommen.
Wer dagegen über das Internet geht, sieht schon bei der Auftragserteilung – Kauf oder

Verkauf – auch gleich die Transaktionsgebühren und weiß sofort, was die Sache alles in allem wirklich kostet. Überhaupt ist hier der große Vorteil gegenüber den normalen Banken mit ihren Transaktionskosten: Hier sind die Makler-Courtagen einfach viel günstiger. Bei der normalen Bank ist es etwa ein Prozent vom Kurswert, bei den anderen sind's nur um die 0,25 Prozent – allerdings schwankt diese Summe.

Nur ein Viertelstündchen

Ganz wichtig zu wissen: Für richtig rasende Online-Broker ist das Internet nicht geeignet. Der aller-aller-aktuellste Kurs, den man zu sehen kriegt, ist meistens schon 15 Minuten alt. Richtige Echtzeit funktioniert noch nicht, die kriegen nur die Bankprofis in speziellen Systemen wie etwa Xetra zu sehen (→ Seite 112). Und was kann in einem Viertelstündchen Verspätung mit einem Aktienkurs nicht alles passieren!

Wie geht das überhaupt?

Ist erst mal ganz einfach. Wenn man schon Kunde bei einer Direktbank ist, hat man von denen eine Kontonummer, eine Geheimnummer und noch mal zur Sicherheit eine Kennziffer gekriegt. Wenn man jetzt die Direktbank-Adresse anwählt, öffnet sich ein Fenster, und man gibt alles ein, was die zur Bestätigung von einem wissen wollen.
Bei direktanlagebank.de zum Beispiel kann ich dann wählen zwischen der Funktion „Direkt-Trader“ und „Power-Trader“. Klick ich auf das erste, öffnet sich ein Fenster, und ich kann ganz normale Bankgeschäfte erledigen wie etwa meinen Kontostand abfragen. Bei „Power-Trader“ kann ich jetzt richtig Aktien handeln, kaufen oder verkaufen.

Da wird's dann allerdings schon ein wenig komplizierter. Manche Direktbanken bieten darum richtiggehende Kurse an, damit man mit ihrem System klarkommt.

Zum Beispiel kann man hier jetzt auf „Order“ gehen und dann wählen zwischen „direktem Kauf“ an einer Börse oder im „außerbörslichen Handel“. Außerbörslich heißt: außerhalb der Börsenzeit. Etliche Direktbanken bieten nämlich auch am Wochenende, wenn die Börse geschlossen hat, Aktienhandel an. Entscheidet man sich für direkten Kauf, gibt man eine Kennziffer ein für die Aktie (jede hat eine Nummer → Seite 48). Danach kann man auswählen, wo man kaufen will: in Frankfurt am Main vielleicht oder in Berlin? Diese verschiedenen Börsenplätze sind wichtig für den professionellen Online-Broker. Es kann zum Beispiel sein, dass der Kurs an einem Platz ein klein wenig günstiger ist als an einem anderen. Das macht bei so geringen Unterschieden allerdings erst was aus, wenn man wirklich Großaktionär ist.
Dann gibt es oft noch ein Fenster, das „reporting“ heißt und zeigt, wieviel Bargeld man noch besitzt und zu welchem Wert man seine Aktien gekauft hat. Drunter sind die Kursgewinne oder Verluste zu sehen.

Richtig gut ist am Online-Broking, dass man am Bildschirm oft schneller Bescheid weiß als bei der Bank, was zum Beispiel aus einer Order geworden ist. Hier kann man oft schon zehn Minuten später erfahren, ob man die Aktien zum gewünschten Kurs erhalten hat.

In aller Kürze

Was passiert eigentlich, wenn ich eine Kauf- oder Verkaufsorder übers Internet in Auftrag gebe?

1. Die Order wird zunächst einmal – ist ja logisch – via Internet abgeschickt.
2. Der Rechner der Bank oder der Discountbank prüft automatisch den Auftrag und leitet ihn weiter an die Börse. Das dauert nur wenige Sekunden.
3. Der Auftrag wird ausgeführt. Die Abrechnungsdaten werden zurück an den Bankrechner geschickt.
4. Der Rechner bereitet die Daten auf. Der Kurs, zu dem der Auftrag ausgeführt wurde, erscheint auf dem Bildschirm der betreffenden Internetseite.

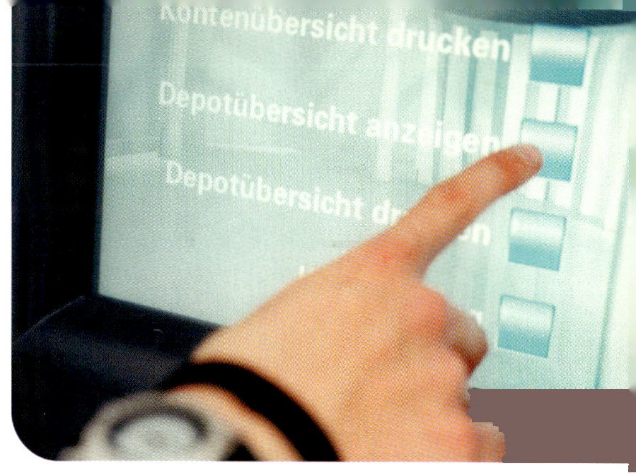

Ruf mich an!

Eins muss klar gesagt sein: Als Online-Aktionär muss man schon Bescheid wissen und die Zusammenhänge und Fachbegriffe kennen. Wenn man beispielsweise nicht weiß, was der Button mit der Aufschrift „Limit“ bedeutet, kommt man online nicht gut klar (Limit heißt Grenze. Man setzt ein Kurslimit, das man nicht überschreiten will – clever! So laufen einem die Kosten nicht davon. Das Limit begrenzt das Risiko. Mehr dazu steht bei „Wie mach ich den Deal auf börsianisch“ → Seite 138).

Man kann aber wunderbar trotzdem seine Order zu den gewünschten Bedingungen und zum gewünschten Zeitpunkt loswerden, auch ohne börsianisch zu sprechen: Einfach, indem man bei seinem Online-Broker anruft und ihm sagt: „Kaufen – aber höchstens zum Preis X“. Die Ausführung erfolgt sofort.

Dies nur als Tipp für Leute, die trotz online sehr gerne mal auf die ganz herkömmlichen Methoden zurückgreifen. Und um zu überprüfen, ob man beim Aktienkauf und -verkauf mit dem Medium Internet zurechtkommt und ob der Online-Auftritt von seiner Bedienerführung und der Technik her befriedigend ist, kann man ja erst einmal eine Zeit lang einen Testlauf machen. Wenn man dann seine Erfahrungen gesammelt hat, kann man sich später immer noch entscheiden, ob man grundsätzlich auf Online-Broking umstellen will und ob das was für immer ist.

Ich bin Aktionär!

Wer bin ich?

Ich bin keine Pflanze, lass
mir aber ab und zu gerne
einen warmen Regen gefallen.

Ich bin kein Tier, brauch aber trotzdem
einen guten Instinkt.

Ich bin kein berühmter Schauspieler,
achte aber auf eine gute Performance.

Ich bin kein Politiker, bin aber Teil
unserer Volkswirtschaft.

Ich bin keine Märchenfigur, hab mich
aber endlich wachküssen lassen.

Ich bin kein Sportler, steh aber trotzdem
auf Adrenalin.

Ich bin, ich bin ... ein Aktionär!

„Risiko entsteht dann, wenn Anleger nicht wissen, was sie tun."

Warren Buffett, Börsenmilliardär

Basic Hotline

Basic Aktionäre fragen - Aktien Basics antwortet

Als Aktionär bin ich ja Mitunternehmer einer Firma. Mit allen Konsequenzen?

Sybille, Unternehmerin

Die einzigen Konsequenzen sind die Chance auf Gewinne, die Chance auf Verluste und das Recht, bei der Hauptversammlung mitzumischen. Wenn das Unternehmen in die Luft fliegt, der Vorstand sich mit der Kasse aus dem Staub macht oder eine Totalpleite hingelegt wird, dann kann das für Dich als Anleger und Aktionär höchstens bedeuten, dass die Aktie nichts mehr wert ist. Kein Aktionär muss für Schulden der Firma geradestehen.

Also sprach der Börsianer

Noch mehr Weisheiten, Redensarten und andere Schlaumeiersprüche aus der Welt der Börse.

„Hin und her macht Taschen leer!"

Wer mehr Spaß am Hin-und-her-Handeln hat als am Gewinne machen, der kann diesen Spruch getrost vergessen. Alle anderen sollten ihn beherzigen. Er besagt, dass man seine Aktien nicht andauernd kaufen und verkaufen soll. Warum? Weil so viel Hektik nicht gut für den Teint ist? Weil man so zu wenig Zeit für die Freundin hat? Weil man sich mit ein paar tausend Mark in Aktien nicht so wichtig machen soll? Nein, das alles ist hier nicht gemeint. Sondern die Tatsache, dass bei jedem Kauf und Verkauf vor allem die Bank verdient. Weil ja jedesmal die üblichen Bank-Gebühren fällig werden. Und nur so zum Spaß und als Hobby draufzuzahlen, macht weder Spaß noch ist es ein schönes Hobby. Wer kauft oder verkauft, sollte dafür einen wirklich guten Grund haben. Und nicht einfach nur Langeweile.

Help!

Als Kleinaktionär kann man ein bisschen Schutz ganz gut gebrauchen. Wie wär's mit der Schutzvereinigung?

Wenn man sich unkompetent oder sogar fehlerhaft beraten fühlt, dann gibt es Leute, die für einen da sind.
Die Deutsche Schutzvereinigung für Wertpapierbesitz zum Beispiel. Sie hat rund 25 000 Mitglieder und ist die größte Vereinigung privater Anleger in Deutschland.
Die DSW informiert und vertritt die Interessen von Kleinaktionären. Wer hier Mitglied ist, kann auf ein Netz von spezialisierten Anwälten zurückgreifen. Oder wird kostenlos außergerichtlich von Rechtsanwälten beraten.
Die DSW ist auch der Dachverband der rund 6000 deutschen Investmentclubs und hilft gerne bei der Gründung eines solchen Clubs. Die Vereinigung ist erreichbar unter:

Deutsche Schutzvereinigung für Wertpapierbesitz e.V.
Hamborner Str. 53
40472 Düsseldorf
Tel. 02 11 - 66 97 01
Fax 02 11 - 66 97 60

Wie machen's die anderen?

Wer, wie, was, warum? Wir wollen's wissen. Zum Beispiel von Anne, 34, Inhaberin einer Airline-Repräsentantenfirma.

Sie hat schon vom Vater gelernt, dass man richtig Geld nur am Kapitalmarkt, also an der Börse, machen kann. Und hat immer schon konsequent Geld in Aktien gesteckt. Genau wie ihr Vater. Für sie ist das schon seit 15 Jahren die Anlageform ihrer Wahl. Sie hat noch nie Berührungsängste gehabt und bewegt sich ganz selbstverständlich auf dem Börsenparkett.

Seit wann investierst Du in Aktien/Fonds?
Seit 1995.

Wie und warum bist Du zu dieser Anlageform gekommen?
Ich weiß immer schon, dass Aktien die höchste Rendite haben. Und weil sie auch kurz- und mittelfristig die einzige Anlageform sind, bei der sich was bewegen kann. Ach ja – und weil man halt auch ein bisschen gambeln kann, das macht mir persönlich Spaß.

Welche Aktien/Fonds hast Du?
Rund 120 verschiedene Aktien gestreut auf Standardwerte, Neuer Markt-Werte, schwerpunktmäßig Firmen in den USA und in Europa, aber auch ein wenig in Asien und Südafrika.

Nach welchen Kriterien hast Du die jeweils ausgesucht?
Empfehlungen durch meinen Banker. Viele Informationen habe ich aber auch durch n-tv und Börsenmagazine.

Welche Strategie und Zielsetzung verfolgst Du mit Deiner Anlage?
Eine durchschnittliche Rendite von 35 Prozent pro Jahr zu erzielen. Den Dax und den Dow Jones zu schlagen. Eine mittel- und langfristige Kapitalanlage zu schaffen. Liquidität frei zu haben. Ich weiß ziemlich genau, was ich will.

Wer verwaltet Dein Depot? Wer entscheidet über neue Investitionen oder Umschichtungen?
Mein Banker und ich.

Wie und in welcher Intensität informierst Du Dich über die Entwicklung Deines Depots?
Online zweimal die Woche. Dazu noch umfangreiche Gespräche einmal im Monat mit meinen Depotverwaltern.

Was ist bei Dir gefühlsmäßig so passiert, seit Du Dich mit Aktien befasst?
Ich habe das Gefühl, dass ich unglaublich viele Chancen habe. Parallel zu meinem Job verdiene ich Geld, das überall auf der Welt für mich arbeitet. Ich bin nicht ein Rädchen im Getriebe, sondern ich verstehe. Ich verstehe die Welt der Börse, die Welt verschiedener Wirtschaftsbranchen und -märkte. Ab und zu gehe ich mal zu einer Hauptversammlung und höre mir an, was die mir zu erzählen haben. Und wenn mir was nicht passt, dann sag ich das auch. Ist ja schließlich mein Geld, mit dem die arbeiten.

Ich fühl mich auch nicht außen vor, wenn in der Tagesschau der Wirtschaftsteil kommt. Bei vielen meiner Freunde ist das so. Die hören dann weg, weil sie denken, dass sie das eh nicht betrifft. Ich seh das anders. Und das kommt auch durch mein Aktienengagement. Ich kann sagen, daß mir x Firmen mitgehören. Ist doch toll.

Endlich
Aktionär

Morgens beim Frühstück erst mal in den Kursteil gucken. Ist ja unglaublich, dass man in seiner guten alten Tageszeitung plötzlich was entdeckt hat, was noch spannender ist als Sport oder das Kinoprogramm.
Und das Marmeladenbrötchen schmeckt auch ganz anders als sonst. Irgendwie so nach Mensch-mach-mir-keinen-Ärger-liebe-Aktie. Oder nach Hoffnung oder nach Spannung. Jedenfalls neu. Und neu ist immer gut. Und Thomas sieht auch total anders aus. Er hat so was von Wenn-das-klappt-könnten-wir-doch-im-Herbst-nach-Neuseeland-für-drei-Wochen.

Komisch, man hat ja eigentlich nur seine Geldgeschichten umgeswitcht. Man hat nicht den Job gewechselt, ist nicht in eine fremde Stadt gezogen. Nein, man hat nur sein Geld in Aktien gesteckt.
Und plötzlich prickelt es schon beim Frühstück.

Ich hab Recht!

Kreditgeber, Dukatenesel, Geldverleiher, wandelndes Portemonnaie – das alles ist der Aktionär nicht. Er hat sich an einem Unternehmen beteiligt. Und damit hat er Rechte.

Egal, wie viele Aktien einer Firma im Depot liegen – schon bei einer einzigen hat man gewisse Rechte. Weil man auch bei einer einzigen Aktie schon mit ins Risiko geht und beweist, dass man dieser Firma etwas zutraut. Ob das Risiko klein ist oder groß, das kann niemand bestimmen – außer dem Aktionär persönlich. Für einen Studenten können 1 000 Euro ganz schön viel Geld sein. Ein Risiko ist's auf jeden Fall. Und wer Risiken trägt, muss auch Rechte haben.

Mitverdienen

Als Aktionär hat man das Recht darauf, an den Gewinnen des Unternehmens mitzuverdienen. Wenn eine Firma Gewinne macht, dann sollte der Aktionär davon auch etwas abkriegen. Über eine Dividendenausschüttung. Das ist ja auch bei kleineren Firmen so, die keine AGs sind, sondern eine andere Rechtsform haben, etwa die GmbH. Das, was am Ende übrig bleibt, wird unter den Gesellschaftern aufgeteilt. Und der Aktionär ist wie ein Gesellschafter. Wenn eine Firma keine Gewinne macht, dann hat er leider Pech gehabt. Ob ein an der Börse notiertes Unternehmen Dividende zahlt oder nicht, das steht im Kursteil der Tageszeitung.

Mitwissen

Wer nichts weiß, der kann auch nicht reagieren. Deshalb hat der Aktionär das Recht auf Information. Zumindest auf den Geschäftsbericht, in dem er die Zahlen nachvollziehen kann, aber auch etwas über die Zukunftspläne der Firma erfährt. Hier muss man nur wissen: Geschäftsberichte werden von den Werbeagenturen der Firmen gemacht. Und da wird so manches geschönt dargestellt. Die Zahlen werden natürlich nicht verfälscht – das wäre kriminell. Aber überall da, wo über das vergangene Geschäftsjahr und die Zukunftspläne was erzählt wird, hat ein geübter Werbetexter seine Hand drauf gehabt. Ungeschminkte und aktuelle Informationen bekommt man eher bei der Unternehmensabteilung für „Investors Relations", die inzwischen fast jede AG hat. Da kann man anrufen und sich regelmäßig schlau machen. Immer wichtiger wird auch die Information der Aktionäre durch das Internet.

Mitlesen

Die Grundrechte des Aktionärs sind festgeschrieben – im deutschen Aktiengesetz. Keine schlechte Idee, sich das mal durchzulesen. Danach bewegt man sich viel sicherer auf dem Gelände. Übrigens: andere Länder, andere Gesetze. Deshalb haben nicht alle Aktionäre in allen Ländern die gleichen Rechte. Auch schon innerhalb Europas gibt es da Abweichungen.

Alles, was Recht ist, heißt noch lange nicht, dass die Aktiengesellschaften sich automatisch dran halten. Ein Aktionär fährt gut, wenn er das immer wieder überprüft. Eine Firma, die an diesen Themen konstruktiv arbeitet, beweist damit, dass sie die Aktionäre nicht als günstiges Instrument zur Geldbeschaffung sieht, sondern als Geschäftspartner, deren Wohl sie respektiert. Und ob das so ist, kann man über die sieben folgenden Fragen rausfinden:

Kurz und knapp: der 7er Check

1 Ist ein guter Aktienkurs das Ziel, an dem sich die Unternehmensführung bei ihren Entscheidungen orientiert? Achtet sie auf die Interessen der Anleger, auf den Shareholder Value? Oder gibt es andere Interessen, wie zum Beispiel hohe Rücklagen innerhalb der Firma zu bilden?

2 Ist die Verzinsung des Aktionärskapitals risikogerecht? Oder investiert die Firma das ganze schöne Aktionärsgeld in nicht nachvollziehbare Visonen und Ziele, so dass hintenraus kaum noch Dividendengelder zum Ausschütten da sind?

3 Überhaupt, wie sehen denn die Dividendenzahlungen aus? Enttäuschend? Oder satt? Gibt es regelmäßige Erhöhungen?

4 Werden alle Aktionäre, egal ob groß oder klein, bei Unternehmensübernahmen gleich behandelt? Oder wird bei den Zukunftsstrategien nur auf das Interesse der Großaktionäre geachtet?

5 Wie gut ist die Informationspolitik gegenüber den Aktionären? Und wie schnell? Wenn wichtige Veränderungen anstehen, wird dann auch der Kleinaktionär informiert? Und das in einer Zeitspanne, die ihm noch die Möglichkeit gibt, zu reagieren? Es könnte sein, dass er noch mehr von diesen Aktien kaufen will oder vielleicht auch alles verkaufen.

6 Ist die Unternehmensbilanz transparent, kann man in alle wichtigen Posten Einblick nehmen? Ob die Firma Gewinn macht, wenn ja, wie viel? Ob sie Schulden hat ... Und ist alles so dargestellt, dass die Anleger etwas damit anfangen können und sich auch ohne BWL-Studium zurechtfinden können?

7 Wie kompetent ist der Aufsichtsrat? Was weiß er wirklich über das Business der Firma? Wie gut durchschaut er selbst die Bilanz, die Risiken und Chancen der Firma? Das kann man zum Beispiel auch mal auf der Hauptversammlung hinterfragen.

Hauptsache versammelt

Weil ich Aktionär bin, geh ich auch zur Hauptversammlung. Da gibt´s Freibier, Würstchen und manchmal auch Geschenke. Und oft auch so richtig Rambazamba.

Um als Aktionär die Geschicke eines Unternehmens mitzubestimmen, muss man zur jährlichen Hauptversammlung kommen. Denn das ist der Tag der Wahrheit für Vorstand und Aufsichtsrat. War es ein gutes oder ein schlechtes Jahr? Wie ist die Kursentwicklung zu erklären? Auf der Hauptversammlung muss die Firma ihren Aktionären Rede und Antwort stehen. Und weil man ja sonst eigentlich kaum Gelegenheit dazu hat, diese wichtigen Leute mal zu treffen und erst recht nicht, ihnen Fragen zu stellen oder die Meinung zu sagen, kann so eine Hauptversammlung sogar richtig Spaß machen. Nicht nur wegen Freibier und Würstchen.

Sehr geehrter Aktionär!

Mindestens einen Monat vor der Hauptversammlung müssen die Aktionäre – und zwar alle! – darüber informiert werden, wann sie wo stattfindet. Da ein Unternehmen seine Aktionäre meistens nicht direkt kennt, schickt es den Banken Einladungen für die Hauptversammlung zu, die von da an die Aktionäre weitergehen. Dieser Zeitraum von einem Monat ist wichtig, damit sich alle Aktionäre auf den Termin einstellen können. Meistens hält man ja nicht nur Aktien von Firmen, die ihren Hauptsitz zufällig gerade mal um die Ecke haben. Und da mit der Einladung auch die geplante Tagesordnung der Hauptversammlung mit der Post kommt, hat man so genug Zeit, sich darauf vorzubereiten. Meistens informiert man sich zwar auch sonst so über die Firma und was da so läuft, weil's einen eben interessiert. Aber trotzdem können auf der Hauptversammlung Themen zur Sprache kommen, die neu sind. Und in dem einen Monat Vorlaufzeit kann man sich in aller Ruhe überlegen, ob man für oder gegen einzelne Punkte ist. Kann sich die entsprechenden Argumente zurechtlegen, wenn man das Wort ergreifen will.

Worüber denn abstimmen?

Zum Beispiel darüber, wie der Gewinn der Firma verwendet werden soll. Soll das Geld lieber in Dividenden fließen oder – etwa zu Forschungszwecken – wieder in die Firma investiert werden? Oder was soll getan werden, um neues Kapital zu beschaffen? Sollen neue Aktien ausgegeben werden? Macht eine Satzungsänderung Sinn? Soll die Firma vielleicht sogar aufgelöst werden?

Die allerwichtigste Entscheidung, die man treffen muss, ist, ob Vorstand und Aufsichtsrat entlastet werden. Das bedeutet, dass man sagt „Ja, Jungs, das habt ihr gut gemacht. Macht weiter so. Ihr bleibt am Ruder." Muss man aber nicht. Man kann genauso gut dagegen sein, dass die weitermachen. Und dafür stimmen, dass sie nicht entlastet werden und neue Leute ran sollen.

Realistisch ist allerdings: Die Großaktionäre sind sich gemeinsam mit der Firma im Vorfeld der Hauptversammlung schon längst darüber einig, wie es weitergehen soll. Aufgrund ihrer Aktienmehrheit werden sie mit ihrer Meinung auch höchstwahrscheinlich durchkommen.

Trotzdem lohnt es sich zu kämpfen, wenn man eine andere Überzeugung hat! Wer es schafft, so viele Leute hinter sich zu bringen, dass 25 Prozent des Aktienkapitals gebündelt einer Meinung sind, der hat somit eine Sperrminorität und kann Beschlüsse verhindern. Und wer von seinem Rederecht Gebrauch macht, der kann zumindest Stimmung machen oder auf Aspekte hinweisen, die bis dahin vielleicht noch nicht beleuchtet worden sind. Es gibt zwar auch den Fall, dass Kleinanleger mit einem winzigen Aktienanteil stundenlang das Rednerpult blockieren und allen anderen einhellig auf die Nerven gehen mit unproduktivem Querulantentum. Aber das ist die andere Seite der Medaille und gehört eben dazu.

Stimme abzugeben!

Eine Aktie – eine Stimme. Das gilt allerdings nur für Stammaktien. Vorzugsaktien (→ Seite 74) sind hier außen vor. Hat ein Stammaktionär keine Lust, zur Hauptversammlung zu gehen, dann sollte er seine Stimmen jedoch nicht verfallen lassen. Schon aus Prinzip. Das ist wie bei Bundestagswahlen. Wer

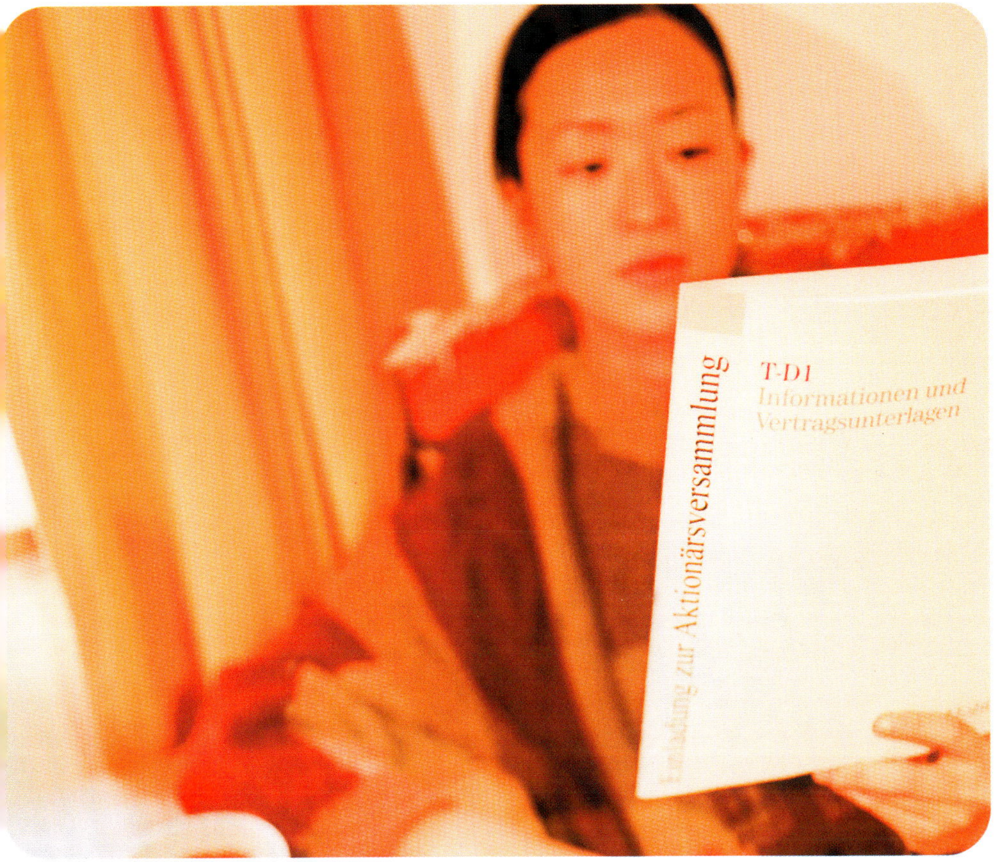

nicht mit abstimmt, darf sich nicht wundern, wenn hinterher etwas umgesetzt wird, womit er nicht einverstanden ist. Und auch die Aktiengesellschaft soll sich gar nicht erst daran gewöhnen, dass man nicht mit abstimmt. Wenn man's aber nicht persönlich machen will oder kann, weil die Hauptversammlung in Kiel ist und man selber in München wohnt, was dann? Dann kann man seine Stimme weiterreichen. Zum Beispiel an die Bank, bei der man sein Depot hat.

Ich als Aktionär kann dann der Bank die Anweisung geben, zu den einzelnen Punkten so und so abzustimmen. Und das muss die Bank dann auch genau so machen. Sie muss sich haarklein daran halten, was ich ihr vorgegeben habe. Wenn ich mir aber auch diese Mühe nicht machen will, dann stimmt die Bank nach ihrer eigenen Meinung ab. Kann ja auch in Ordnung sein. Weil sie vielleicht die gleichen Meinungen hat wie ich selber. Über die muss sie mich vorher allerdings informieren. Auch darüber, ob sie eventuell Gegenanträge einreichen will. So kann ich dafür Sorge tragen, dass das Votum der Bank auch wirklich meinem entspricht, und sie dann machen lassen. Ihr Votum darf sie danach allerdings auch nicht mehr ändern. Die Übertragung des Stimmrechts erfolgt durch eine schriftliche Vollmacht. Sie gilt höchstens 15 Monate lang. Und selbstverständlich kann ich sie jederzeit widerrufen.

Etwas Schutz, bitte

An einem könnte es bei der Stimmrechtsvertretung durch die Bank allerdings hapern: Die hat nämlich bei vielen Aktiengesellschaften selber die Hand mit im Topf und ist da als Großaktionär eventuell auf einem ganz anderen Interessens-Trip als man selbst. Die möchte vielleicht, dass das Unternehmen expandiert und dafür große Kredite aufnimmt, während der Kleinanleger es viel besser fände, wenn so viel Geld wie möglich als Dividende ausgeschüttet und nicht in Expansionsideen gesteckt wird. Und ob es da eventuell einen Meinungskonflikt gibt zwischen mir und meiner Bank, das will erst mal geprüft und durchschaut werden.

Nun ist aber die Bank nicht die einzige Institution, der ich mein wertvolles Stimmrecht übertragen kann. Es gibt da zum Beispiel noch die Schutzgemeinschaft der Kleinaktionäre. Deren Ziel ist es, dass in Aktiengesellschaften alle Entscheidungen im Sinne des Aktionärs getroffen werden. Und damit ist hier vor allem der Kleinaktionär gemeint. Großaktionäre sind aufgrund der riesigen Aktienpakete, die sie halten, ja praktisch ihre eigene Lobby und brauchen niemanden, der sie schützt und ihre Interessen wahrt – das tun sie schon selber. Aber der Kleinanleger, also ich und du und Müller und Meier, der kann einen starken Vertreter gut gebrauchen.

Für ihre Mitglieder setzt sich die Schutzgemeinschaft der Kleinaktionäre auf Wunsch auch auf der Hauptversammlung ein. Wenn man sein Stimmrecht an sie abgibt, dann verspricht sie, im Interesse des Aktionärs abzustimmen, auch unbequeme Fragen zu stellen, Gegenanträge zu stellen oder bei der Abstimmung zu widersprechen. Und da die Schutzgemeinschaft Kleinanleger vertritt, die natürlich alle sehr ähnlich gelagerte Interessen haben, können die vielen Einzelstimmen für eine Abstimmung auf der Hauptversammlung gebündelt werden. Und dann hat man plötzlich auch als Minderheitsaktionär viel stärker die Möglichkeit, Entscheidungen in die Richtung zu lenken, die man für richtig hält.

Übrigens: Ob man jetzt der Bank oder einer anderen Institution sein Stimmrecht abgibt, die Abstimmung erfolgt in jedem Fall ohne Namensnennung. Das ist garantiert.

Die Schutzgemeinschaft der Kleinaktionäre kann man unter www.sdk.org kontaktieren oder per Fax unter 0 62 23 / 32 63.

Im Internet gibt es die Adresse „Hauptversammlung.de“, die von der Deutschen Schutzvereinigung für Wertpapierbesitz (→ Seite 122, 124) betrieben wird und unter der man die aktuellen Hauptversammlungstermine nachlesen kann.

Finger weg,
Finanzamt

Sehr geehrter Herr Finanzbeamter,

ich habe einiges Geld mit Aktien verdient. Ich möchte Sie hiermit höflich darauf hinweisen, dass ich alle legalen Mittel ausschöpfen werde, um möglichst wenig Steuern dafür zu bezahlen. Da ich für Sie sowieso nur eine Nummer Soundso bin, gehe ich davon aus, dass Sie es mir persönlich als Mensch nicht übel nehmen. Ob Sie es mir als Nummer nachtragen, ist mir total egal.

Hoffentlich nicht auf bald,
mit außerordentlich freundlich versteuerten Grüßen,

Ihr Aktionär.

P.S.: Ällabätsch!!

FINANZAMT

Der Staat verdient mit

Alles für mich

Ich hab mein eigenes Geld da reingesteckt.
Warum soll ich dann was davon abgeben?
Ich trage dafür ja auch ein Risiko.

Wenn's in die Binsen gegangen wäre, hätte ich schließlich auch keine Entschädigung vom Staat dafür bekommen. Das heißt, beim Risiko halten sich alle schön raus. Und wenn man's schlau gemacht hat, dann wollen alle was ab. DAS finde ich egoistisch und selbstsüchtig.

Und das Geld, das ich da reingesteckt habe, hab' ich ja nicht geschenkt gekriegt. Da habe ich hart für gearbeitet. Und das ist ja auch schon mal versteuert worden. Nämlich mit der Lohnsteuer.

Da mach ich selbst was für meine Altersvorsorge, vom Staat kann ich da ja nicht viel erwarten, und dafür werde ich dann noch bestraft.
Ich finde, das gehört eher kräftig belohnt. Außerdem sorgt ein Aktionär ja irgendwie indirekt auch für Arbeitsplätze und aktiviert die Volkswirtschaft.

Da reden alle von Eigeninitiative.
Und wenn man was tut, ist das alles plötzlich gar nicht mehr „eigen".

Etwas für alle

Ein Aktionär ist an einem Unternehmen beteiligt. Hätte er das Unternehmen selbst gegründet, müsste er auf die Gewinne ja auch Steuern zahlen.

„Eigentum verpflichtet" steht schon in unserem Grundgesetz, auf das immer alle so stolz sind. Das heißt eben, dass die Starken die Schwachen unterstützen müssen. Auch finanziell.

Der Staat schafft wirtschaftliche Strukturen, in denen jeder Mensch die Möglichkeit zur Wertschöpfung hat. Die Ausgaben für die Bereitstellung dieser Strukturen und das, was das Gemeinwesen sonst noch so braucht, das muss er ja irgendwie finanzieren.

Außerdem muss man bei Kursgewinnen ja nur die versteuern, die innerhalb eines Jahres gemacht werden. Der Staat belohnt also die Leute, die nicht spekulieren, sondern langfristig investieren. Und sich so ein sicheres Vermögen aufbauen. So sind sie später nicht auf das Sozialsystem angewiesen.

Das ist auch wie eine erzieherische Vorsichtsmaßnahme. Der Staat will die Leute vor sich selber schützen.

Ich bin so frei

Ja, ja, Kursgewinne innerhalb des ersten Jahres sind zu versteuern und danach nicht mehr. Wissen wir schon. Ist sonst noch was? Ja, 'ne ganze Menge! Zumindest für den, der clever ist.

Der Staat fordert, was ihm zusteht? Und was das ist, das legt er selber fest. Wenn man das doch auch so machen dürfte. Ich fordere jetzt einfach mal, was mir meiner Meinung nach zusteht: jeden Tag Pizza Regina – umsonst. Zwölf Monate Sonnenschein, von allen Menschen bewundert werden, grüne Lackstiefel und dann noch den Weltfrieden. Wer findet das übertrieben?

Zurück auf den Boden der Realität. Was der Staat festlegt, wird demokratisch kontrolliert. Außerdem fordert er nicht nur, er gibt auch. Und sogar ganz besonders dem Aktionär. Man muss nur wissen, was. Und das dann ausgiebig nutzen! Denn dem Finanzamt so wenig Geld wie möglich zu lassen, hat nicht zwangsweise was mit Steuerhinterziehung zu tun. Es gibt viele ganz legale Mittel und Wege, nicht unnötig zu viel zahlen zu müssen.

Schummeln ist überhaupt nicht empfehlenswert. Denn das ist erstens irgendwie genau so unmoralisch wie klauen und zweitens: Wenn die vom Finanzamt dahinter kommen, dann wird's so ungemütlich, das glaubt man nicht. Im Zweifelsfall kann man dafür sogar ins Gefängnis kommen. Und zwar zu Recht. Genug moralisiert, kommen wir zu erfreulicheren Themen.

Die Freigrenze

Gehen wir mal davon aus, dass einer super ungeduldig ist und deshalb Aktien unbedingt innerhalb der steuerpflichtigen Jahresfrist verkaufen will. Weil die ordentlich hoch gegangen sind, und weil man schon eine tolle Idee hat, was man mit dem gewonnenen Geld machen will – und zwar jetzt, nicht erst im nächsten Jahr. In diesem Fall klopft das Finanzamt an die Tür und will das Geld, das ihm zusteht.

Aber Moment, Moment. Da gibt es erst mal eine Freigrenze: Kursgewinne unter 500 Euro sind steuerfrei. Wenn man allerdings auch nur einen einzigen Euro drüber liegt, dann muss man die gesamte Summe versteuern. Ja, die ganze Summe – nicht nur den Betrag, der über der Freigrenze liegt.

Wer verheiratet ist, der hat's, auf jeden Fall mal steuerlich gesehen, gut. Denn der hat diese Freigrenze gleich doppelt. Für jeden Ehepartner gibt's eine eigene. Deshalb sollte man sehen, dass man seine Aktien schön verteilt. Jedem sein eigenes Depot. Und auch wenn der Ehepartner keine Lust auf Aktien hat, ist es schlau, einen Teil seiner eigenen Aktien unter dem Namen und in dem Depot des Partners anzulegen, um die Freigrenze zweimal voll auszuschöpfen.

Das erfordert natürlich ein großes gegenseitiges Vertrauen. Denn was dieser Tipp leider nicht garantieren kann: dass es bei Kursgewinnen nicht doch eventuell zu Ehekrach kommt, weil dann der Partner plötzlich Lust auf Aktien hat. „Wieso DEIN Geld. Welcher Name steht denn auf dem Depotauszug, bitte schön?"

Alle Jahre wieder

Die Freigrenze hat man nicht nur einmal und dann nie wieder. Nein, der Staat ist so freundlich, sie jedes Jahr zu erneuern. Das heißt, jedes Jahr kann man wieder bis zu 500 Euro steuerfreie Kursgewinne machen. Man sollte also im Dezember mal genau ins Depot gucken. Wer jetzt etwas verkaufen möchte: Es kann schlauer sein, noch bis Januar zu warten. Weil man nämlich durch einen erfolgreichen Verkauf die Freigrenze des alten Jahres überschreiten würde. Und wenn man erst einen Monat später, also im neuen Jahr, verkauft, dann hat man schon wieder eine schöne neue Freigrenze zur Verfügung.

Aber Achtung! Es kann passieren – und das ist gar nicht so selten – dass der Kurs dann im Januar plötzlich runtersackt. Da muss man sich dann vorher überlegen, ob man das riskieren will. Besonders, wenn man das Geld und den schönen Kursgewinn ja eigentlich schnell flüssig machen wollte. In so einem Fall kann es doch günstiger sein, noch im alten Jahr zu verkaufen und eben die Steuern zu zahlen, statt bei schlechterem Kurs zu verkaufen. Ist ein ganz simples Rechenspiel.

Freigestellt

Egal ob bei der Bank oder der Direktbank oder im Fondsshop: Wenn man irgendwo ein Depot eröffnet, dann wird man im gleichen Atemzug gefragt, ob man schon einen Freistellungsauftrag erteilt hat oder ob das noch zu erledigen ist. Der Neuaktionär hat das meistens nicht, er weiß ja oft noch nicht einmal, was das ist!!! Für alle, die hier noch etwas Nachhilfe brauchen:
Man darf pro Jahr eine bestimmte Summe steuerfrei aus Kapitalerträgen einnehmen. Was ist aber so ein Kapitalertrag? Der Kursgewinn beim Verkauf einer Aktie zählt nicht dazu. Aber zum Beispiel die Zinsen oder Dividenden, die man ausgezahlt bekommt. Und wenn die pro Jahr unter 1 500 Euro (oder 3 050 Mark) liegen, fallen sie in den gesetzlichen Freibetragsrahmen und man kriegt sie gleich ohne Abzüge in voller Höhe ausbezahlt. Bei Ehepaaren ist der Freibetrag auch wieder doppelt so hoch.

Wer keinen Freistellungsauftrag stellt, dem zieht die Bank die zu zahlende Steuer grundsätzlich gleich ab und leitet sie an das Finanzamt weiter. Auch wenn man letztendlich am Ende des Jahres mit den Kapitalerträgen innerhalb des Freibetrages liegen würde. Aber weil die Bank das ja im Vorfeld noch nicht einschätzen kann, führt sie die Steuern ab, wann immer sie anfallen. Das bekommt man dann zwar wieder, indem man das voreilig eingezogene Geld am Jahresende in seinem Einkommenssteuerbescheid zurückfordert. Aber das bringt nur zusätzliche Mühe und Aufwand. Und es dauert, bis man das Geld wiederbekommt. Denn die Mühlen des Finanzamtes mahlen langsam. Also – einfach gleich den Freistellungsauftrag ausfüllen, beziehungsweise ausfüllen lassen, und man hat die Sache geregelt.

Was man durch den Freibetrag auch noch bekommt, ist eine Steuergutschrift. Wie jetzt – das deutsche Finanzamt gibt einem freiwillig eine Gutschrift? Jawohl! Und zwar deshalb, weil die Firma, deren Aktien man hat, auf ihre Gewinne ja schon mal Steuern gezahlt hat. Es wäre also überhaupt nicht fair, wenn der Aktionär auf die ausgeschüttete Dividende jetzt noch einmal den vollen Steuersatz zahlen müsste. Deshalb wird einem dieser schon einmal versteuerte Anteil, wenn man den Auftrag – schon klar, worum's geht – ausgefüllt hat, angerechnet.

Kinder, Kinder

Wer außer Aktien noch Kinder hat, hat's doppelt gut. Weil jedes Kind nämlich auch seinen Freibetrag hat. Und der ist genau so hoch wie der von Papa und Mama. Wer sich jetzt aufgefordert fühlt, ganz viele Kinder in die Welt zu setzen, um möglichst viele Steuern zu sparen, hat rein rechnerisch vielleicht die falsche Methode gewählt. Aber wenn sowieso schon Kinder da sind, dann sollte man die Möglichkeiten, die man dadurch hat, auch nutzen. Man muss das Kapital, das man umverteilen möchte, allerdings auf ein Konto legen, das ausschließlich auf den Namen des Kindes läuft, und daraus eine offizielle Schenkung machen. Und die muss endgültig sein. Es ist und bleibt dann juristisch gesehen das Geld des Kindes. Die Eltern können nicht mehr darüber verfügen.

Wenn das Finanzamt mitkriegt, dass das Geld dennoch kurzfristig wieder auf das Elternkonto rückübertragen wurde, kann es ganz schön unerfreulich werden. Das wird als Steuerhinterziehung gewertet. Und auch, wenn man manchmal einen anderen Eindruck vermittelt bekommt – Steuerhinterziehung ist kein Kavaliersdelikt. Und eine Steuerprüfung kann jedem passieren. Das Finanzamt macht Stichproben und scheut sich nicht, auch ganz kleine Finanzjongleure zu prüfen! Niemand ist davor gefeit. Wer also sein Geld auf das Konto des Kindes in dieser Form überträgt, sollte das in dem Fall als langfristige Anlage sehen. Ist das Kind dann volljährig, hat es juristisch gesehen natürlich auch das Recht, das ganze Geld abzuheben und die Weltreise zu machen, von der es schon so lange schwärmt. Vielleicht nimmt es Papa und Mama ja mit. Wahrscheinlich aber nicht.

Einfach absetzen

„Mann, ich mach' mit Aktien so viel Geld, da wird dir schwindelig. Nur Gewinne. Einfach super!" Naja, vielleicht nicht so ganz.

Warum? Weil man da eben auch Steuern für zahlen muss. Aber die Steuerlast kann man mindern. Denn wer Kapitaleinkünfte hat, der hat auch Kosten – das weiß auch der Gesetzgeber. Deshalb räumt er uns eine Pauschale von 50 Euro (100 Mark) ein, die man den Kapitalerträgen, wie zum Beispiel Dividenden, entgegensetzen kann. Und wenn man schlau ist und keinen Ausgabenposten vergisst, dann muss man kein bisschen schummeln, um auf einen viel höheren Betrag zu kommen. Und wenn man das nachweist, wird das vom Finanzamt auch akzeptiert.

Was das alles kostet!

Alle Ausgaben, die durch die eigenen Börsengeschäfte entstehen, kann man von der Steuer absetzen. Rechts sind sie in aller Kürze aufgelistet. Konto- und Depotgebühren, Provisionen, Telefonate mit dem Discount-Broker oder mit dem Bankberater, Abo-Gebühren für Fachmagazine und -zeitungen, Kosten, die beim Besuch einer Hauptversammlung entstehen. Das alles kann man seinen Gewinnen entgegensetzen. Für die Reise zur Hauptversammlung kann man die Reisekosten geltend machen – als Kilometerpauschale oder mit dem Bahn- oder Flugticket. Wer im Hotel übernachtet – Rechnung aufheben und auch einreichen. Für die Verpflegung gibt es Pauschalen wie für jede Geschäftsreise. Wer acht Stunden unterwegs war, kriegt fünf Euro (zehn Mark), ab 14 Stunden zehn Euro (20 Mark), und wer länger als einen Tag weg ist, 23 Euro (46 Mark). Für fünf Euro pro Mahlzeit gibt es zwar kein Drei-Gänge-Menu, aber das kann man auch nicht erwarten.

Hobby oder Beruf?

Wer so viel absetzt, dass er dauerhaft Verluste macht – trotz Dividenden – dem wird allerdings nach einiger Zeit vom Finanzamt nicht mehr geglaubt. Dem wird unterstellt, dass er nicht ernsthaft Gewinne machen möchte, sondern das Ganze nur als Liebhaberei betreibt. Oder als Trick, um irgendwo Kosten herzukriegen, um für irgendwas anderes weniger Steuern bezahlen zu müssen. Und dann ist gleich Schluss mit dem Ganzen.

Schwierig wird es auch für den, der versucht, sein Arbeitszimmer abzusetzen, weil er da seine Aktiengeschäfte macht und angibt, täglich irgendwelche Börsen- und Infodienste in Anspruch zu nehmen. Dem wird dann nämlich von der Steuerbehörde unterstellt, er betreibe das ganze professionell als Beruf. Und dann kann es passieren, dass das Finanzamt so jemand als gewerbesteuerpflichtig einstuft. Alle Gewinne würden dann auch nach gewerblichen Konditionen versteuert werden müssen. Das ist sehr unangenehm und kann teuer werden. Aber keine Panik – für den Kleinanleger auch absolut unwahrscheinlich.

Es zeigt nur, dass man nicht gnadenlos überziehen sollte. Im Zweifelsfall lieber einen Steuerberater fragen. Der weiß genau, wo die Schmerzgrenzen liegen – und die der Legalität.

Diese Kosten kann ich abziehen

Wer in Aktien macht, der hat auch Ausgaben. Und da er auf seine Aktiengewinne Steuern zahlt, ist es nur o.k., dass er die Kosten, die er hat, auch von den Gewinnen absetzen kann und darf. Aber welche Ausgaben sind denn das, die man plötzlich hat? Ach ja! Die Gebühren für den Kauf. Sonst noch was?

Diese Liste zeigt, welche Kosten entstehen können, wenn man Aktionär ist. Aber ein guter Steuerberater hat da vielleicht noch den einen oder anderen Hinweis und Tip auf Lager. Das mit den absetzbaren Kosten kann nämlich sehr individuell sein.

In aller Kürze

Von der Steuer kann man absetzen:

Den Kauf von „Aktien Basics“

Telefon- und Portokosten

Gebühren für die Depotverwaltung

Abonnements von speziellen Börsenfachmedien wie Handelsblatt, Financial Times oder Börse online

Kosten für die Reise zur Hauptversammlung

Kosten für den Steuerberater oder den Vermögensverwalter

Anwalts- und Prozesskosten

Beiträge an Schutzverbände oder Aktionärsvereine

Zinsen eines Kredites, der für den Kauf von Aktien aufgenommen wurde (obwohl man das wirklich nicht tun sollte!)

Börsendienste

Chartdienste

Clever verkaufen

Bye, bye Aktie! Ich verkauf dich.

Weil du leider in die Miesen rutschst. Weil du so toll hoch gegangen bist.

Weil Lisa einen neuen Beruf will und deshalb eine neue Ausbildung braucht. Weil Valeska ein Kind adoptieren will. Weil Hans und Marion heiraten. Weil Thomas sich eine Wohnung kaufen will.

Und ich? Weil ich jetzt auch mal eine von den vielen Tausend anderen Aktien, die´s auf der Welt gibt, ausprobieren will. Weil ich mir ein neues Auto kaufen will. Weil mein Patenkind ein Fahrrad will mit 32 Gängen. Weil ich dieses Jahr doch noch mal in Urlaub fahren will. Weil nächsten Monat sieben meiner Freunde Geburtstag haben. Weil ich in den letzten zwei Monaten an keinem Schuhgeschäft vorbeigehen konnte. Weil ... weil ... weil ...

Und weil's so wichtig ist, zum richtigen Zeitpunkt zu verkaufen, kommt hier jetzt alles, was man darüber wissen muss.

Verkaufen ist Typsache

Da hat man endlich Aktien gekauft und soll sie wieder hergeben? Das kommt ganz darauf an. Worauf denn? Steht unten.

Aktien zu verkaufen ist genauso wie Aktien zu kaufen. Es hängt davon ab, wie man drauf ist. Was man mit der Anlage vorhat. Welche man hat und wie man mit seinem Depot umgeht. Mit viel Engagement oder ohne, mit Angst oder ohne. Mit Zeit oder ohne.

Gute Nacht

Eine ganz berühmte Verkaufsstrategie ist – nie verkaufen. Die Profis nennen das „buy and sleep". Die ist aber nur dann sinnvoll, wenn man nur wirkliche Top-Aktien, also internationale Blue-Chips, im Depot hat. Denn die neigen dazu, sich stetig zu steigern. Das Schöne daran ist, dass man einfach nur ein paar Jahrzehnte abwartet und sich dann einen entspannten Feierabend gönnt. Das Doofe daran ist, dass man kurzfristig keine überdurchschnittlichen Kursgewinne erwarten kann. Aber für alle, die sowieso keinen Spaß am hektischen Traden haben und auch möglichst wenig Risiko eingehen wollen, ist diese Methode perfekt.
Das heißt natürlich nicht, dass man sein Depot nur einmal bestücken darf und dann nie wieder. Man kann, wenn man will – und wenn man sich's leisten kann – jeden Tag neue Aktien kaufen. Nur mit dem Verkaufen sollte man es genau andersherum halten. Berühmte und sehr, sehr reiche Männer wie der Börsenguru André Kostolany haben so ihre Millionen gemacht.

Schlechte News sind gute News

Wenn man so ein gut gefülltes Depot mit internationalen Super-Aktien hat, dann muss man sich aber nicht unbedingt gleich schlafen legen. Denn auch die Kurse dieser Aktien können zwischendurch mal schwanken. Und an diesem Punkt schlägt man zu: Die Aktie, die gefallen ist, kauft man nach. Zum jetzt günstigeren Kurs. Am besten, wenn sie so um die 30 Prozent Kurseinbruch hat. Ab ins Depot damit und weiter abwarten. Auf die Dauer wird sie sich wieder erholen. Dann hat man den Vorteil, durch die erhöhte Aktienstückzahl doppelt zu verdienen an dem Kursaufschwung.

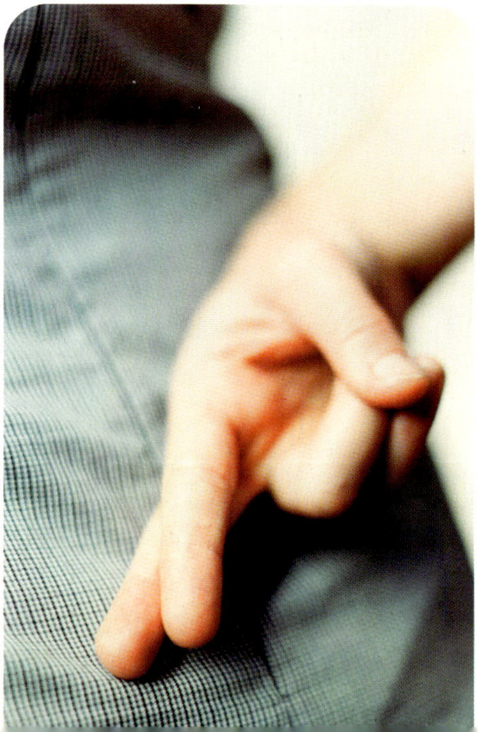

Und wenn es ein bisschen dauert, macht das ja für den Langfrist-Anleger nichts. Irgendwann geht's bei den Top-Werten wieder bergauf. Das war noch immer so.

Diese Strategie darf man aber auf keinen Fall bei den unsicheren Nebenwerten oder den Nemax-Aktien anwenden! Da ist es nämlich leider nur allzu häufig der Fall, dass die sich nach einem Kursrückgang nicht wieder auf die Gewinnerschiene begeben. Viele dieser Aktien fallen dann sogar noch weiter in den Keller. Hier heißt es: jeden Fall genau prüfen und dann entscheiden.

Hin und her

Es gibt Anleger, die möchten trotz Aktienanlage flexibel bleiben. Ihnen ist es wichtig, auch schnell wieder an ihr Geld kommen zu können. Und sie möchten Gewinne mitnehmen und Verluste vermeiden. Das wollen wir natürlich alle. Aber es kostet leider Zeit, Nerven und intensives Kursstudium. So jemand sollte kontinuierlich seine Aktien im Blick haben, um rechtzeitig verkaufen zu können. Wenn die Aktie fällt, muss man sich überlegen, ob das nur ein kurzer Einbruch ist, nach dem es bald wieder besser laufen wird. Oder ob sich hier ein gnadenloser Kursrutsch anbahnt. Im zweiten Fall ist der erste Verlust immer noch der beste. Schnell weg mit dem Ding! Wenn die Aktie aber steigt, dann muss man eigentlich nur entscheiden, wie – sagen wir's mal ungeschminkt – gierig man ist. Ob man mit einem ordentlichen Gewinn zufrieden ist und bei einem freundlichen Kursanstieg verkauft oder ob man doch lieber noch ein bisschen auf den Super-Jackpot, den totalen Kurshimmelsturm, warten will. Falls er denn kommt.

Aber da noch die wenigsten Kleinanleger mit einer einzigen Aktie Millionär geworden sind, kann jemand mit Hin-und-her-Mentalität bei einem Kursanstieg eigentlich ruhig verkaufen. Es ist ja sicher nicht der einzige und letzte Aktien-Deal seines Lebens. Man kann den Gewinn einstreichen und das Ausgangsgeld wieder woanders investieren. Neue Chance – neues Glück.

Mund auf

An der Börse gilt immer und grundsätzlich das gesprochene Wort. Ist ja auch gar nicht anders möglich bei der unglaublichen Geschwindigkeit, in der ein Deal abgewickelt werden muss. Da kann man nicht erst mal gemütlich einen mehrseitigen Kaufvertrag mit 300 Zeilen Kleingedrucktem aufsetzen, ihn in aller Gründlichkeit durchlesen, nochmal zum Anwalt geben, das eine oder andere ändern und sich zur Vertragsunterschrift dann später nochmal treffen. Ruckzuck geht das an der Börse. Gesagt – getan.

Also muss man, wenn man seine Order zum Beispiel nicht faxt, online abschickt oder persönlich bei der Bank vorbeigeht, sondern mündlich und am Telefon weitergibt, wirklich auf eine deutliche Aussprache achten! Es gab durchaus schon üble Missverständnisse, wo einer „verkaufen" gesagt hat und der andere hat „kaufen" verstanden – und hat dann leider auch genau das getan. Und plötzlich, bevor man sich's versieht, hat man von den Aktien, die man eigentlich gerade loswerden wollte, doppelt so viele im Depot. Weil so was überhaupt gar nicht gut ist für den Aktionär: Bitte bei Auftragserteilung niemals mit vollem Mund sprechen! Ist kein Witz.

Freiwillige Steuerabwehr

Ganz Schlaue verkaufen Aktien, die gefallen sind, noch innerhalb der Spekulationsfrist, also innerhalb dieses berühmten ersten Jahres. Hä? Wieso – ich dachte, die Spekulationsfrist muss man unbedingt umgehen? Nicht immer. Denn genau so wie man Kursgewinne versteuern muss, kann man Verluste, die man durch Kursrückgänge hat, steuerlich absetzen – zu seinen eigenen Gunsten natürlich. Wer so vorgeht, sollte aber nicht an den Wiederaufschwung der fraglichen Aktie glauben. Denn das wäre dann zwar steuerlich schlau – aber gewinntechnisch gar nicht. Und bevor wir damit anfangen, den Aktienkauf nicht für den Gewinn, sondern als reines Steuersparmodell anzusehen, braucht's erst mal jede Menge Geld, das wir sonst versteuern müssten. Und das müssen wir uns erstmal verdienen. Mit tollen Aktiengewinnen.

Ich mach den Deal auf börsianisch

„Ich will mein Auto verkaufen." „Zu welchem Preis, in welchem Zeitraum, mit oder ohne Winterreifensatz?" „Ja, äh, da muss ich, glaub ich, doch noch mal drüber nachdenken." „Das glaub ich auch." - Wie man seine Aktien am besten dealt, dafür gibt´s Tricks und Methoden. Wie wär´s zum Beispiel mit der Notbremsmethode?

Wer seine Aktien verkaufen will, der sollte sich vorher eine Strategie zurechtlegen. Sie definiert, zu welchen Konditionen der Verkauf über die Bühne gehen soll und kann wie ein Sicherheitsnetz funktionieren.
Die Möglichkeiten, die hier vorgestellt werden, gelten umgekehrt auch fürs Kaufen. Aber da ist man ja bei der Entscheidung meistens selber viel aktiver und bewusster beteiligt. Da ist eine tolle Aktie zu einem tollen Kurs – die kauf ich mir. Wenn man sie dann erst mal im Depot hat, hat man sie manchmal auch aus dem Kopf. Und wenn man sich dann um den Verkauf nicht ordentlich Gedanken macht und sich nicht mehr um das Papier kümmert, dann kann das teuer werden. Deshalb sind die wichtigsten Konditionen hier beim Thema Verkaufen zusammengefasst.
Diese Strategien und die Fachbegriffe dafür sind übrigens auch wichtig für alle, die Online-Broking machen wollen (⇢ Seite 114). Wer da nicht weiß, was „Bestens" oder „Ultimo" heißt, der kommt nicht weit als Online-Broker.
Hier die wichtigsten Kaufs- und Verkaufsstrategien auf einen Blick:

Market Order

Einfacher geht's nicht. Ein Verkaufsauftrag mit dem Zusatz „Market Order" wird zu dem Kurs verkauft, der genau dann aktuell ist, wenn der Auftrag ausgeführt wird. Und das ist der nächstmögliche Termin. Wie schnell das geht, hängt nur noch davon ab, wie schnell der Auftrag an den Makler weitervermittelt wird. Und wie schnell der dann wiederum den Verkauf tätigt.

Bestens

Dieser Zusatz heißt, dass so schnell wie möglich auf jeden Fall verkauft werden soll, egal zu welchem Preis. Ein riskantes Spiel. Denn wenn man Pech hat, führt eine schlechte Tagesform des Kurses zu Dumpingpreisen – schlecht für den Verkäufer. Es gibt Aktienkurse, die innerhalb weniger Minuten stark schwanken. Wenn man da „Bestens" angibt, kann das Verluste bedeuten.
Der Vorteil dieser Variante: Da es kein Preis-Limit gibt, kann der Auftrag mit Sicherheit ausgeführt werden. Wenn man also auf jeden Fall und unbedingt sein Geld braucht und einen Verlust dafür hinnimmt, dann klappt das mit „Bestens" immer.
Beim Kaufen gibt es das gleiche Prinzip, es heißt aber anders. Wenn man eine Aktie auf jeden Fall – egal zu welchen Konditionen – kaufen lässt, dann nennt das der Fachmann nicht „bestens", sondern „billigst".

Limit

Klar, dabei setzt man eine Preisuntergrenze, die beim Verkauf nicht unterschritten werden soll. Nur wenn der Kurs am Limit oder drüber ist, wechseln die Aktien den Besitzer. Das kann aber dauern. Denn so wie man selber nicht bereit ist, um jeden Preis zu verkaufen, ist natürlich die Gegenseite nicht bereit, um jeden Preis zu kaufen. Aber ein Limit sichert ab – und es ist auch ganz gut, sich darüber Gedanken zu machen, was einem die Aktie wert ist. Wie der Kurs stehen müsste, sollte, dürfte. Denn dafür sollte man im Laufe der Zeit sowieso ein immer besseres Gefühl entwickeln.

Stop-Loss-Order

Das kann man mit einzelnen Aktien machen oder mit allen. Und man kann es – ob bei der normalen oder der Direktbank – als grundsätzliche Bedingung angeben, die immer gelten soll. Stop-Loss-Order bedeutet, dass man den Auftrag gibt zu verkaufen, sobald die Aktie eine gewisse Verlustmarke erreicht hat.

Das ist dann wie eine Art automatische Notbrems-Methode. Viele setzen das zum Beispiel bei 15 Prozent an: Bitte bei 15 Prozent Minus automatisch verkaufen. Das Praktische daran ist, dass man die Kurse nicht jeden Tag selber verfolgen muss, sondern diese Aufgabe an seinen Bank- oder Vermögensberater delegieren kann. Es kann also auch nichts passieren, wenn man mal drei Wochen in Urlaub fährt – selbst bei riskanten Aktien ist man abgesichert. Wenn man viele Aktien im Depot hat, macht so eine Stop-Loss-Order auf jeden Fall Sinn, denn da kann man schnell den Überblick verlieren.

Ultimo

Dieser Zusatz gibt an, dass der Auftrag bis zum Monatsende bestehen bleiben soll und ausgeführt werden kann. Das ist wichtig für Limit-Aufträge, weil man ja möglicherweise eine Weile warten muss, bis man einen Käufer findet, der den Preis akzeptiert.

Tagesgültig

Das ist der Otto-Normal-Fall. „Tagesgültig" heißt, dass der Auftrag diesen einen Tag lang gilt, nach Börsenschluss aber wieder gestrichen wird und am nächsten Tag ausdrücklich erneuert werden muss, falls man noch Interesse daran hat, zu verkaufen. Man kann also noch mal drüber schlafen – vielleicht hat man ja nur aus Panik heraus verkaufen wollen und ist tags darauf ganz froh, dass man gestern nicht verkaufen konnte.

Kostenpunkt

Das ist kein Zusatz, den man gibt, sondern leider einer, den man bekommt. Denn jeder Auftragszusatz bedeutet für den, der die Ausführung abwickelt, Arbeitsaufwand. Wenn einer für mich ständig beobachten muss, ob die Stop-Loss-Marke erreicht oder das Limit überschritten ist und so weiter, dann macht der das nicht umsonst. Nicht mal für mich. Ist zwar sehr schade, aber wir verstehen das. Da die Gebühren überall sehr unterschiedlich sind, sollte man immer erst nachfragen. Fünf Euro sind aber ein guter Richtwert.

Register von A – Z

Meine Wertpapiere auf einen Blick

Aktie / Fonds				
Kaufdatum				
Kaufkurs				
Menge				
Wo gekauft				
Depotnummer				
Handelsplatz				
Währung				
Wertpapier-Kennnummer				
Verkaufskurs				
Gewinn/Verlust				

„Ich hab' viele Aktien - lauter verschiedene, denn ich setz nicht nur auf ein einziges Pferd." „Und was hast Du genau? Und wann hast Du sie gekauft? Und wann verkauft?" „Ja, äh, da muss ich erst noch mal suchen ... ich weiß jetzt gar nicht, wo ich die Unterlagen hab ..."

Überblick ist immer gut. Einfach hier alles eintragen - und dann immer auf dem Nachttisch liegen haben. Zum Lesen und Wissen auf einen Blick.

Impressum

Johanna v. Rumohr

ist Autorin und Texterin – und am Ende dieses Buches selber noch viel schlauer geworden. Seit zehn Jahren macht sie Konzepte und Texte für die Werbung und die Wirtschaftsfachpresse. Sie hat für viele Unternehmen Vermarktungsstrategien entwickelt und umgesetzt. Sie kann ganz gut mit Geld umgehen – außer, wenn's um Schuhe geht. Aber sie findet, dass auch Schuhe eine äußerst lohnende Anlagestrategie sind.

Während der Enstehung dieses Buches hat sie zwei Börsenhypes und einen Börsencrash miterlebt und ist trotzdem ganz entspannt geblieben. Sie hat die tollste Tochter der Welt (die aber mehr auf Aliens als auf Aktien steht) und ist kurz vor Abgabe ihres Manuskriptes stolze Patentante geworden. Ihrem Patenkind hat sie aber noch keine Aktien geschenkt, sondern erst mal die Märchen der Gebrüder Grimm (HBvRmail@aol.com)

Sybille Engels

hat sich Aktien Basics für Gräfe und Unzer ausgedacht und das Team fürs Buch zusammengestellt. Und zugesehen, dass es gut wird (und fertig ... und das rechtzeitig ... Kinder, Kinder! ... Zeitdruck ist gar kein Ausdruck!). Früher war sie Redakteurin, Chefredakteurin einer Computerzeitschrift und schrieb für Wirtschaftsmagazine. Heute hat sie ein Verlagsbüro in München und freut sich jeden Tag darüber, dass sie Bücher machen kann – ihrer Meinung nach das Beste, was man so machen kann. Und die Krönung ist für sie, wenn sie was richtig Neues machen kann. So wie die Basics. Und da ist sie auch unverhohlen ganz schön stolz drauf (se@engels-online.com).

Ellen Hofmann

ist Journalistin und Autorin, für uns aber Lektorin und Fels in der Brandung in einer Person. Sie ist unerbittlich, wenn's um Fakten geht (wenn die nicht stimmen, wird sie gefährlich), liebt Logik und anständige Recherche. Aktien müssen bei ihr vorher durch den Ethik-TÜV, Solarenergie- und Öko-Werte bevorzugt. Ellen arbeitete im nach der Börse vermutlich zweitschnellsten Gewerbe der Welt: Als Agentur-Journalistin berichtete sie über Politik oder auch über Bilanzpressekonferenzen von Unternehmen und andere Wirtschaftsthemen. Heute ist sie weg vom Aktualitätsstress und kann sich mehr Zeit für Recherche und Analysen nehmen. An sie geht unser besonderes Dankeschön, weil sie einfach wunderbar ist.

Thimo Huss

ist unser Co-Lektor und zweites Sicherheitsnetz. Er berichtete jahrelang für eine Nachrichtenagentur von der Frankfurter Börse, heute arbeitet er als Wirtschaftsredakteur bei einer großen deutschen Tageszeitung. Für uns hat er viele Fakten und Details (Kapitel Optionsscheine!) noch mal gründlich überprüft und war auch zu unmöglichen Tageszeiten für uns da.

Thomas Jankovic

ist Art Director und Grafik-Designer in München. Er hat den Basic-Look erfunden und jetzt auch die neuen Basics gestaltet. Er hat Aktien-Fonds, weil er sich da nicht drum kümmern muss und raucht abends gerne mal eine gepflegte Zigarre – am liebsten die dicke, dunkle, würzige Cohiba aus Kuba. Die raucht der Kanzler auch.

Alexander Walter

ist Fotograf und war schon bei mindestens zehn Basic Büchern mit dabei. Bevor die Basics in sein Leben traten, ist er auch mal für Reportagen um die Welt gefahren und hat im Libanon, in Rumänien und Asien fotografiert. Aber das Schönste, was er in seinem Leben je gemacht hat, sind seine drei Kinder, sagt er.

Die Models:

Stefan Strasser singt, spielt Gitarre und studiert Germanistik in Dublin, **Steffi Hirner** überlegt, was sie studieren will, **Evelyn Runge** ist Fotografin und Journalistin. **Erhard Domscheit** studiert Architektur, und **Noriko Egger** kommt aus Tokyo und lebt in Bayern.

Dankeschön an:

Sabine Sälzer und **Birgit Rademacker** für ihre Kreativ-Courage und die Jahre, die wir schon zusammen arbeiten.

Frank H. Häger dafür, dass er so ist, wie er ist.

Doris Birk für ihre Gelassenheit, obwohl sie plötzlich neben ihrem Job als Redaktionsleiterin für Gesundheit noch eine kleine Nebenbeschäftigung bekam: uns und die Business Basics.

Bettina Schubarth für die Akribie, mit der die Linguistin (promoviert über „Ironie in Institutionen") das Buch auf die neue Rechtschreibung hin durchforstet hat.

Uwe Strotkamp für seine Unerschütterlichkeit und Ruhe, mit der er die DTP gemacht hat.

Maria Adam und **Petra Euringer** für grafische Unterstützung und stetigen Nachschub an Nussschokolade.

Bildnachweis:

Hanseatisches Sammlerkontor für Historische Wertpapiere GmbH (www.historische-wertpapiere.de): Aktienabbildungen S. 11 und S. 38
Alexander Walter: alle anderen Fotos

© 2000 Gräfe und Unzer Verlag GmbH, München. Alle Rechte vorbehalten.
Nachdruck, auch auszugsweise, sowie Verbreitung durch Film, Funk, Fernsehen, fotomechanische Wiedergabe, Tonträger und Datenverarbeitungssysteme jeglicher Art nur mit schriftlicher Genehmigung des Verlages.

Redaktion: Sybille Engels, Doris Birk
Lektorat: Ellen Hofmann, Thimo Huss
Gestaltung und Layout: Sybille Engels, Thomas Jankovic
Herstellung: Ute Hausleiter
Satz: Uwe Strotkamp
Repro: Repro Ludwig, Zell am See
Druck und Bindung: Kaufmann, Lahr

ISBN: 3-7742-0013-0

Auflage 1

Auflage	4.	3.	2.	1.
	2004	2003	2002	2001

Das Original mit Garantie

Ihre Meinung ist uns wichtig. Deshalb möchten wir Ihre Kritik, gerne aber auch Ihr Lob erfahren. Um als führender Ratgeberverlag für Sie noch besser zu werden. Darum: schreiben Sie uns! Wir freuen uns auf Ihre Post und wünschen Ihnen viel Spaß mit Ihrem GU-Ratgeber.

Unsere Garantie: Sollte ein GU-Ratgeber einmal einen Fehler enthalten, schicken Sie uns das Buch mit einem kleinen Hinweis und der Quittung innerhalb von sechs Monaten nach dem Kauf zurück. Wir tauschen Ihnen den GU-Ratgeber gegen einen anderen zum gleichen oder ähnlichen Thema um.

Ihr Gräfe und Unzer Verlag
Redaktion Business
Postfach 860325
81630 München
Fax: 089/41981-113
e-mail: leserservice@graefe-und-unzer.de